JN110816

星栞 HOSHIORI

2024年の星占い

・双子座・

石井ゆかり

双子座のあなたへ
2024年のテーマ・モチーフ
解説

......

モチーフ：眼鏡

......

　2024年、あなたの世界がガラッと変わります。でも、実はそれは、事実ではありません。2024年に変化するのは、実はあなた自身なのです。たとえば眼鏡をかけると世界が明るくハッキリと見えるようになります。世界が変わったのではなく、使える道具が増えた結果なのです。それに似て、2024年のあなたは新しい力を得て、その結果、世界が変わったような気がするはずです。約12年に一度の、人生の一大ターニングポイントで、素晴らしい出会いや再会もあります。お楽しみに。

はじめに

　こんにちは、石井ゆかりです。

　2020年頃からの激動の時代を生きてきて、今、私たちは不思議な状況に置かれているように思われます。というのも、危機感や恐怖感に「慣れてしまった」のではないかと思うのです。人間はおよそどんなことにも慣れてしまいます。ずっと同じ緊張感に晒されれば、耐えられず心身が折れてしまうからです。「慣れ」は、人間が厳しい自然を生き延びるための、最強の戦略なのかもしれませんが、その一方で、最大の弱点とも言えるのではないか、という気がします。どんなに傷つけられ、ないがしろにされても、「闘って傷つくよりは、このままじっとしているほうがよい」と考えてしまうために、幸福を願うことさえできないでいる人が、とてもたくさんいるからです。

　2024年は冥王星という星が、山羊座から水瓶座への移動を完了する時間です。この水瓶座の支配星・天王星は「所有・物質的豊かさ・美・欲」を象徴する牡牛座に位置し、年単位の流れを司る木星と並んでいます。

冥王星は深く巨大な欲、社会を動かす大きな力を象徴する星で、欲望や衝動、支配力と関連づけられています。すなわち、2024年は「欲望が動く年」と言えるのではないかと思うのです。人間の最も大きな欲望は「今より落ちぶれたくない」という欲なのだそうです。本当かどうかわかりませんが、この「欲」が最強である限り、前述のような「慣れ」の世界に閉じこもり続ける選択も仕方がないのかもしれません。

　でも、人間には他にも、様々な欲があります。より美しいものを生み出したいという欲、愛し愛されたいという欲、愛する者を満たしたいという欲、後世により良いものを残したいという欲。「欲」が自分個人の手の中、自分一人の人生を超えてゆくほど大きくなれば、それは「善」と呼ばれるものに近づきます。水瓶座の冥王星は、どこまでもスケールの大きな「欲」を象徴します。世界全体にゆき渡る「欲」を、多くの人が抱き始める年です。

《注釈》

◆ 12星座占いの星座の区分け（「3/21〜4/20」など）は、生まれた年によって、境目が異なります。正確な境目が知りたい方は、P.124〜125の「太陽星座早見表」をご覧下さい。または、下記の各モバイルコンテンツで計算することができます。
インターネットで無料で調べることのできるサイトもたくさんありますので、「太陽星座」などのキーワードで検索してみて下さい。

モバイルサイト【石井ゆかりの星読み】（一部有料）
https://star.cocoloni.jp/（スマートフォンのみ）

◆ 本文中に出てくる、星座の分類は下記の通りです。

火の星座：牡羊座・獅子座・射手座　　　地の星座：牡牛座・乙女座・山羊座
風の星座：双子座・天秤座・水瓶座　　　水の星座：蟹座・蠍座・魚座
活動宮：牡羊座・蟹座・天秤座・山羊座
不動宮：牡牛座・獅子座・蠍座・水瓶座
柔軟宮：双子座・乙女座・射手座・魚座

《参考資料》

・『Solar Fire Gold Ver.9』（ソフトウェア）/ Esoteric Technologies Pty Ltd.
・『増補版　21世紀　占星天文暦』/ 魔女の家BOOKS　ニール・F・マイケルセン
・『アメリカ占星学教科書　第一巻』/ 魔女の家BOOKS　M.D.マーチ、J.マクエバーズ
・国立天文台 暦計算室Webサイト

HOSHIORI

双子座 2024年の星模様

年間占い

❋「通り過ぎない」時間

　双子座は旅の星座、風のように飛び回る、軽やかな星座です。ですが2024年、その「軽やかさ」は11月まで、発動できないかもしれません。双子座の2024年は「踏み止（とど）まる」ことがテーマだからです。

　一つの場所にどっかと踏ん張って初めて成し遂げられるミッション。それが、この時期のあなたが受けて立つテーマです。羽化後の蝶々のように渉猟（しょうりょう）する前にまず、イモムシのようにじっくりゆっくりもくもくと栄養を吸収し、さらに時間をかけて微動だにしない蛹（さなぎ）を創り上げ、その内側で生まれ変わるような奇跡を体験するのです。今だからこそ可能になる成長のドラマ、「変身」のドラマです。

　特に2024年5月までが「イモムシから蛹」の時間となっています。さらに2024年6月からの1年で、じっくり「羽化」のプロセスが展開します。2025年6月頃、久しぶりにあなたに会う人がいればきっと、「なんだか、雰囲気が変わったね！」「キャラクターが全然違うね！」などと驚くかもしれません。外見が変わるのは内面が

変わるからです。内なるものが外界へと輝き出し、新しい説得力が生まれます。

　たとえばたいていの旅は、ある場所を「通り過ぎる」行為です。一つの場所に数日滞在しても、やがてその場所を後にします。心の中に思い出は残っても、小さなことはほとんど、忘れ去られてしまいます。その点2024年の双子座の人々は、どこを訪れてもその場所をただ「通り過ぎる」ことができません。繰り返し訪れることになったり、そこに自分の城を建てたりすることになります。引き留められ、立ち止まり、対話を重ね、多くを吸収し、場合によってはその場所である程度以上に重みある役割を引き受け、その場所の「地霊」のようなものを、その場所に住む人々とともに背負うことになります。土地も、場所も、長い歴史の中で多くの記憶を秘めています。ただ通り過ぎるだけの旅人はその記憶に参加することはできませんが、この時期のあなたは、ごくささやかであっても、とにかくその記憶の中に自分の足跡を刻めるのです。

簡単には成し遂げられないプロジェクト、時間をかけなければ完成しないもの、誰かがやらなければならない重要な任務。たとえあまり得意でなくとも、「今これを自分がやらなければ、この世界が崩れてしまう」と思えるような使命を引き受けることになるのかもしれません。リーダーとなる人、トップに立つ人、多くの人々から尊敬され、場合によっては「畏れられる」ようになる人もいるでしょう。あくまでフラットな人間関係を好む双子座の人々にとって、こうした階級差、格差を思わせる上下関係の感覚は、居心地の悪いものと感じられるかもしれません。ですがこの時期のあなたはそうした隔たりを無視したり、無理に壊そうとしたりはしないようです。むしろ、「こうした隔たりや境界線が、どうして必要なのか」ということを学ぼうとするようです。

　この時期の任務や役割は決して、押しつけられたり、無理にやらされたりするわけではありません。あくまであなた自身が、自分の意志で選び取るものです。ただ、それを選ぶ理由はおそらく、楽しいとか、面白いとか、自分に向いているとかいうものではないのだろ

うと思うのです。むしろ「このような世の中であるべきだ」「人としてあるべき姿がこれだ」「もし自分がこれを今引き受けず、通り過ぎてしまったら、きっと後悔するだろう」といった、スケールの大きな信念が動機となります。

❄ 前半は「卒業」の作業

双子座の2024年は前述の通り、前半と後半で流れが大きく変わります。まず2024年前半は「振り返る」時間、2024年5月末からの約1年は「変身する」時間なのです。

5月末までは過去を遡ること、新たなスタートを切る前の入念な準備、ずっと放置してきた慢性的問題の解決などがテーマとなっています。どれも「振り返り」であり、もっと言えば「忘れ物を取りに戻る」ような作業でもあります。たとえば入学式の前には卒業式があるように、まずこれまで使っていた机の中を片づけ、教科書を整理し、その後で新しい教科書を手に入れることになるわけです。

特に2024年前半は「新しくくるもののために、スペ

ースを空ける」作業が捗^{はかど}るかもしれません。あるいは自分が重ねてきた経験を一つの知見にまとめるとか、「いつか見直そう」と思って溜め込んだ資料を精査するなどの活動に取り組む人もいるでしょう。懐かしい人々と再会したり、「今どうしても話しておきたい」相手にアポを取ったりする場面もありそうです。

　ここでの整理、振り返りは、非常に根の深いものとなります。こうした時間は約12年に一度巡ってくるのですが、たとえば12年前にあなたが経験した「整理・片づけ・振り返り」の作業よりもずっと、深く、大規模なのです。前回が「家の中の徹底的な掃除」程度であったなら、今回は「古い実家の山積みのモノの整理と、家屋の解体」くらいの規模の差があります。

❄ 後半は「入学」へのプロセス

　2024年5月末から「約12年に一度の、人生の一大ターニングポイント」に突入します。幸運の星・木星が巡ってくるこの時期は、一般に「幸運期」と語られることが多いようです。ですが私は敢えて、木星が巡ってくる1年を「耕耘期^{こううんき}」と呼んできました。というの

も、木星が指し示す「幸運」は「たった1年だけの棚からぼた餅」のようなけちくさいものではないからです。木星が来た時、私たちは自分の可能性の畑を掘り返し、古い根っこや邪魔な石などを取り除いてきれいに整地し、更地になったそこに新しく、向こう12年かけて育てていける幸福の種を蒔くのです。幸運の星・木星がくれるのは、種子なのです。

　ゆえに2024年5月末からの約1年、新しいことが次々に起こり、生活が完全に変わる人もいるでしょう。転職や独立、引っ越しや家族構成の変化、結婚や出産、立場や役割の変化など、人生でそうしょっちゅう起こらないような特別なイベントが、互いに結びついて芋蔓<ruby>式<rt>しき</rt></ruby>に続くかもしれません。

　これらは全て「自分自身のこと」であり、冒頭に述べた通り「通り過ぎ」てしまうことができません。過去を振り返ることも、人生を変えることも、スピードを落とし、立ち止まり、「今現在」のど真ん中に身を置いて初めて、その大切な意義を味わい尽くすことができます。

　5月末からの1年のプロセスは「入学」に<ruby>擬<rt>なぞら</rt></ruby>えられま

す。何もかもが新しくなるため、買ったばかりの革靴のように、最初は少し靴ずれを起こす場面もあるかもしれません。また、まだ慣れない環境に戸惑ったり、新しいクラスメートとどう親しくなれば良いか悩むような状況にもなるかもしれません。でも、これらは全て「悪いこと」ではありません。入学式の直後には、みんなこうしたハードルを前にして、遅かれ早かれ飛び越えていきます。大事なのは、その向こうに広がる世界です。入り口での小さな戸惑いは、たとえば「いくつになっても、青春はある！」という程度に、ポジティブに捉えておきたいところです。

❄「大きな価値観」を視野に入れる

　双子座の人々は基本的に「フラット」な態度を持っています。世の中に絶対的な善悪などというものはなく、ある角度から見れば「善いこと」でも、別な立場から見れば簡単に「悪いこと」にひっくり返るということを、論理的に深く理解しています。そのことを時に強調しすぎるあまり、露悪的に見えることさえあります。簡単に「これは善だ」「これは悪だ」と断罪した

がる人々を遠目に見て、自分はそのような短絡的・非合理的な共感のワナに陥らないよう、気をつけています。双子座の世界では、こと「倫理・道徳」に関して、論理的中立こそが重要なのです。

　ですがこの2024年は、その双子座的ルールから、あなたは脱線することになるようです。おそらく2023年頃からその現象は始まっており、2026年頭まで続きます。何が人として「善い」ことなのか。世の中はどうあるべきなのか。どのように生きれば、自分の人生に自信や自負を持てるのか。損得や快不快を超えた、もっと外側の世界に広がる大きな理念や価値観を追い求めてゆけるのが、この時期なのです。もちろん、そんな観点に立っても「これこそが真理だ！」といった簡単な答えに飛びつかないのが双子座の人々です。あくまで「世の中にはたくさんの真実があり、人の数だけ善悪がある」という立場に立ちながら、それでもなお「自分が選び取る意義のある、大きな社会的善や価値があるはずだ」という眼差しを持てるということなのだと思います。

　たとえば、子供を持つことによって現在や未来の世

の中に向ける眼差しが変わる人がいます。「これまでは自分一人のまわりのことにしか興味がなかったが、子供ができてからは、この子が大人になった未来の社会について考えるようになった」といった話をよく聞きます。仕事で部下や後輩を率いる立場になり、彼らの生活やバックグラウンドについて知ることで「世の中には様々な問題を抱えた人がいる」と初めて気づいたという人もいます。人は一人で生きているわけではない、と頭ではわかっていても、現実の中でそれを実感し、我がこととして一端を引き受けるようになるには、大きなきっかけを必要とします。2024年の双子座の人々は、たとえばそんなきっかけを得て、生き方を大きく変えていくことになるのかもしれません。

｛ 仕事・目標への挑戦／知的活動 ｝

　この時期のあなたの仕事は、責任重大だったり、慣れないための辛さがあったり、一人で背負わなければならないものが大きかったりと、決して「簡単」「ラクチン」ではありません。ですが一方で、あなたが難しいことや大きなものに立ち向かっている、ということ

を周囲の人々が少なからず、認めてくれています。一目置かれたり、非常に頼りにされたりと、深い手応え、やりがいを感じられる場面が多いはずです。時間をかけて取り組めるミッションに出会えますし、この時期の経験は確実にあなたを成長させてくれます。また、自分に合わない場所で活動を続けてきていた人は、この時期に勇気を出して、真に自分があるべき場所を探し始めることになるかもしれません。「ここだ！」と思える場所を見つけるには手間も時間もかかりそうですが、遅くとも2026年頭までには、「その場所」に根を下ろすことができるはずです。

　大きなこと、重要なことを担ってゆく時なので、自然と、学ぶべきことも増えます。双子座の人々は学ぶことが好きで、勉強上手でもありますが、この2024年、特に年末は、そうした勉強への情熱に「点火」されるような場面がありそうです。この炎は今後20年ほど燃え続けます。

｛ 人間関係 ｝

　人間関係においても、この時期は「腰を据えて関わる」ことが求められます。関わりがうまくいかないと、比較的簡単にその関係を断ち切ってしまうこともある双子座の人々ですが、この時期は軽やかに身を躱すということがなかなか、できにくいのです。面倒な関係でも、ややこしいしがらみでも、踏み止まってなんとか向き合い、時間をかけて相手のやり方を学んでゆく中で、「なるほど、この関係にはもっと奥行きがあるかもしれない」という新しい風景が見えてきます。

　年の半ば以降は、思い切って相手の懐に飛び込んでいくとか、逆に誰かがどんとぶつかってきてくれるなど、一気に距離が縮まるような展開が増えるかもしれません。いったん自分のいつものやり方を棚上げし、相手のやり方に寄り添ってみることで、貴重な信頼関係を生み出せるかもしれません。

　1年を通して、懐かしい人との再会が多い年です。特に4月、8月、11月末から12月は、縁の復活からのさらなる発展が期待できます。

｛ お金・経済活動 ｝

2008年頃からパートナーや家族など周囲の人々との経済的な関係性に悩んできた人は、その悩みが2024年を境に消えていくでしょう。経済的な依存関係や搾取の関係から抜け出せるなど、鮮やかな変化が起こりそうです。また、外部からのお金のサポートを受けながら自分の経済力を育ててきた人は、2024年を境に「独り立ち」できそうです。さらに、過去15年ほど「他人のお金を管理する」ような任務を引き受けてきた人も、その大きな任務を卒業できるかもしれません。経済的な人間関係が「一区切りつく」年です。

｛ 健康・生活 ｝

現代社会では健康にまつわる情報が大量に飛び交っていますが、この時期はたとえば栄養学を基礎から学ぶなど、「王道」の取り組みができるでしょう。9月から2025年前半は食欲に火がつく気配があります。暴飲暴食に至った場合は、ストレス過多になっていないか、生活全体を振り返りたいところです。

◉ 2024年の流星群 ◉

「流れ星」は、星占い的にはあまり重視されません。古来、流星は「天候の一部」と考えられたからです。とはいえ流れ星を見ると、何かドキドキしますね。私は、流れ星は「星のお守り」のようなものだと感じています。2024年、見やすそうな流星群をご紹介します。

4月下旬から5月／みずがめ座η流星群
ピークは5月6日頃、この前後数日間は、未明2～3時に多く流れそうです。月明かりがなく、好条件です。

8月13日頃／ペルセウス座流星群
7月半ば～8月下旬まで楽しめる流星群です。三大流星群の一つで、2024年は8月12日の真夜中から13日未明が観測のチャンスです。夏休みに是非、星空を楽しんで。

10月前半／ジャコビニ流星群
（10月りゅう座流星群）
周期的に多く出現する流星群ですが、「多い」と予測された年でも肩透かしになることがあるなど、ミステリアスな流星群です。2024年・2025年は多数出現するのではと予測されており、期待大です。出現期間は10月6日～10月10日、極大は10月8日頃です。

HOSHIORI

双子座 2024年の愛

年間恋愛占い

♥ 繋がりを「育ててみよう」という意志

　愛についても「通り過ぎない」ことが一つのテーマとなります。普段なら関係をさくっと切り離してしまうような場面でも、2024年はぐっと踏み止（とど）まり、繋がりを育ててみようという気持ちになれるでしょう。いつもとは違った関わりのパターンを生きられます。

❴ パートナーを探している人・結婚を望んでいる人 ❵

　2024年は特に5月末以降、人生を変えるような出会いの時間となっています。この時期の出会いはごく真剣なもので、ゆえに、お互いの「条件」をクリアするハードルが高まるかもしれません。一時的な恋愛感情の高まりで、勢いに任せて一気に成就！といった展開には、なりにくいのです。互いが真剣だからこそ慎重になり、細かいことが気になります。

　文字通り「双子のような、ぴったり気が合う関係」を望む傾向のある双子座の人々ですが、この時期は珍しく「お互いの違い」に取り組むことになります。普段ならば「気が合わないかもしれない、他を探そう」

と簡単に手放してしまうような相手でも、この時期に限っては「意気投合したというわけではないけれど、この人には『何か』ありそうだ」という思いから、踏み止まることになりそうなのです。実際、時間をかけてじっくり関わってみた結果、「どうやらこの人らしい」という着地点に至る人が少なくないはずです。あるいは、付き合う時間が長くなるにつれ、相手や自分が少なからぬ変容を遂げ、最終的に「ぴったり合う」といった展開もあり得ます。

　さらに11月から2025年年明けにかけては、「再会」から愛が始まるかもしれません。2024年は1年を通して、古い人間関係の復活が起こりやすいのですが、その流れの中から愛が芽生える可能性が高い時期です。

❴ パートナーシップについて ❵

　「やはりこの人でなければ！」という深い結びつきの手応えを得られる年です。一般的に「人口の半分、あるいは全てがパートナー候補となりうる」などと言われますが、半分は真実で、半分は嘘です。どうしても「この人でなければならない」という条件の中で、人と

人とはパートナーシップを結ぶものではないかと思います。もちろん、それでも破綻する関係はたくさんありますが、ある人とうまくいかなかったからといって、それを簡単に別の人に置き換えられるものかというと、決してそうではないはずです。2024年は「簡単には他人に置き換えられない」ということを実感する場面が、特に多いだろうと思います。

　どんなに仲の良いパートナー同士であっても、相手のやり方や考え方がどうしても受け入れられない、という場面はあります。ただ、2024年はそうした「お互いの違い」を、あなたの側から積極的に受け入れていこうとするような流れが生じそうです。試しに合わせてみる、要求を変えてみる、など試行錯誤を重ね、「こうすればうまくいくんだ！」という法則のようなものを見つけ出せる年です。

｛ 片思い中の人・愛の悩みを抱えている人 ｝

　一度「がっぷり四つに組む」ような状況に持ち込むことになりそうです。とことん関わって、懐に入って、できることをできるところまで徹底的にやってみて、

「それでもだめなら、諦めよう」というような方針を採れるのです。いつもならさらりと立ち去ることを考えがちな人も、「最終的に断ち切るのはいつでもできる。その前にやれることを全てやってみただろうか？」と自分に問いかけ、そこからアクションを起こせるのです。八方塞がりのように見えた状況の中でも、実は突破口はあるのかもしれません。お利口さんに振る舞ったり、いいところだけを見せようとしたり、きれいごとで済ませようとしたりしていた自分に気づき、「もっと正直に、ストレートに生きてみよう」といった方針を見出せるかもしれません。特に11月から年明け、そして2025年4月半ばから6月半ばは、非常に熱いコミュニケーションの時間となっています。ここで、問題解決に向けて一気に「勝負に出る」人も少なくなさそうです。

｛ 家族・子育てについて ｝

　　あなた自身が人生の転機を迎える時なので、周囲にサポートをお願いする機会が増えるかもしれません。これまであなたが当たり前のように引き受けてきたこと

を、周囲に分担してもらう、といった流れが起こります。快く応じてもらえる場合もあれば、「なぜそんなことを？」と議論になる場合もあるだろうと思います。交渉を一回で済まそうとせず、何度か形を変えながら相談を重ねていくことで、最終的にとても望ましい地平に着地できるでしょう。

　子育てについては「自分が子供の頃のことを思い出す」時期と言えます。これはこの時期に限ったことではないかもしれませんが、完全に忘れていたことを思い出したり、子供との関わりを通して子供の頃の気持ちに立ち返ったりする時間が多くなるでしょう。過去とのやりとりを通して、子育ての方針に幅が生まれ、心の緊張がほぐれそうです。

｛ 2024年　愛のターニングポイント ｝

　1月、5月末から6月、8月末から9月、10月半ばから11月半ばに愛の追い風が吹きます。また、3月末と10月頭には「愛のミラクル」が起こりそうです。

双子座　2024年の薬箱

もしも悩みを抱えたら

❄ 2024年の薬箱 ～もしも悩みを抱えたら～

　誰でも日々の生活の中で、迷いや悩みを抱くことがあります。2024年のあなたがもし、悩みに出会ったなら、その悩みの方向性や出口がどのあたりにあるのか、そのヒントをいくつか、考えてみたいと思います。

◈ 想像力が生み出す、幻想としての悩み

　2023年に引き続き、キャリアや社会的立場にまつわる不安、悩みが多いかもしれません。責任の重みに自分の力で応えられているのか、自分の力量で本当に今のミッションに対応できるのか、といった不安が強まっている人もいるでしょう。あるいは、職場や外に出ての活動の場で、なんらかの孤独感、孤立感を味わっている人もいるかもしれません。ですが実は、それらの不安の多くは、あなたのイマジネーションに過ぎないのではないでしょうか。双子座の人々はもともと、非常に想像力に恵まれています。一つのヒントから10も20ものバリエーションの可能性を想起し、まるで現実のように思い描くことができるのです。「人から嫌われ

ているのでは？」「必要とされていないのでは」「自分ではこの先、やっていけないのではないか」等々の不安は全て、杞憂です。他に悩まなければならないことがあるのに、それに向き合いたくないがために、他の小さな不安に過剰なスポットライトを当ててしまっている、といった場面もあるかもしれません。目の前のことに集中し、地道にコツコツ進んでいく中で、そうした杞憂、疑心暗鬼は、夜が明けるように消えていきます。不安を「膨らまさない」ことを念頭に。

◆エネルギーを「どう使うか」

　年の半ば以降、経済活動にまつわる悩みが出てきそうです。過剰に投機的になったり、競争心や闘争心から散財してしまったりする場面も。「カッとなってお金を使う」展開を避けるべく、大きなお金を使う時は一呼吸置いて。また、稼ぎの多寡でマウンティングを取り合うのは、不毛です。本当に大切なことを見つめて。

2024年のプチ占い（牡羊座〜乙女座）

牡羊座（3/21-4/20生まれ）
特別な縁が結ばれる年。特に春と秋、公私ともに素敵な出会いがありそう。年の前半は経済活動が熱く盛り上がる。ひと山当てる人も。年の半ば以降は、旅と学び、コミュニケーションの時間へ。成長期。

牡牛座（4/21-5/21生まれ）
約12年に一度の「人生の一大ターニングポイント」が5月末まで続く。人生の転機を迎え、全く新しいことを始める人が多そう。5月末以降は、平たく言って「金運の良い時」。価値あるものが手に入る。

双子座（5/22-6/22生まれ）
大きな目標を掲げ、あるいは重大な責任を背負って、ひたむきに「上を目指す」年。5月末からは素晴らしい人生のターニングポイントに入る。ここから2025年前半にかけ「運命」を感じるような出来事が。

蟹座（6/23-7/23生まれ）
夢と希望を描く年。素敵な仲間に恵まれ、より自由な生き方を模索できる。新しい世界に足を踏み入れ、多くを学べる年。9月から2025年春にかけて「自分との闘い」に挑む時間に入る。チャレンジを。

獅子座（7/24-8/23生まれ）
大活躍の年。特に5月末までは、仕事や対外的な活動において素晴らしい成果を挙げられる。社会的立場がガラッと変わる可能性も。独立する人、大ブレイクを果たす人も。11月以降も「勝負」の時間。

乙女座（8/24-9/23生まれ）
冒険と成長の年。遠い場所に大遠征を試み、人間的に急成長を遂げる人が多そう。未知の世界に思い切って足を踏み入れることになる。5月末以降は大活躍、大成功の時間へ。社会的立場が大きく変わる。

（※天秤座〜魚座はP.96）

双子座 2024年 毎月の星模様

月間占い

◆星座と天体の記号

　「毎月の星模様」では、簡単なホロスコープの図を掲載していますが、各種の記号の意味は、以下の通りです。基本的に西洋占星術で用いる一般的な記号をそのまま用いていますが、新月と満月は、本書オリジナルの表記です（一般的な表記では、月は白い三日月で示し、新月や満月を特別な記号で示すことはありません）。

♈：牡羊座	♉：牡牛座	♊：双子座
♋：蟹座	♌：獅子座	♍：乙女座
♎：天秤座	♏：蠍座	♐：射手座
♑：山羊座	♒：水瓶座	♓：魚座
☉：太陽	●：新月	○：満月
☿：水星	♀：金星	♂：火星
♃：木星	♄：土星	♅：天王星
♆：海王星	♇：冥王星	
℞：逆行	Ð：順行	

◆ 月間占いのマーク

また、「毎月の星模様」には、6種類のマークを添えてあります。マークの個数は「強度・ハデさ・動きの振り幅の大きさ」などのイメージを表現しています。マークの示す意味合いは、以下の通りです。

マークが少ないと「運が悪い」ということではありません。言わば「追い風の風速計」のようなイメージで捉えて頂ければと思います。

★	特別なこと、大事なこと、全般的なこと
✊	情熱、エネルギー、闘い、挑戦にまつわること
🏠	家族、居場所、身近な人との関係にまつわること
¥	経済的なこと、物質的なこと、ビジネスにおける利益
✏	仕事、勉強、日々のタスク、忙しさなど
♥	恋愛、好きなこと、楽しいこと、趣味など

1

JANUARY

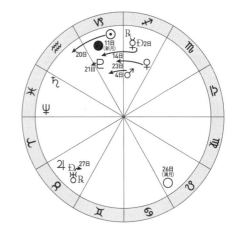

◆**人との関係が華やかに広がる。** ★彡★★彡

人間関係が華やかに盛り上がります。心惹かれる人、自分に好意を持ってくれている人と、ゆたかにコンタクトを取り合えるでしょう。人からの好意を素直に受け取ることで、さらなる関わりの可能性が広がります。12月中にコミュニケーション上の問題を抱えていた人も、年明け以降、問題解決へ。

◆**「提案」がくれる新たな刺激。** ✊

人からの提案に面白さがある時です。意外なことを頼まれたり、「これがあなたにぴったりだと思うよ！」と勧められたりする場面があるでしょう。自分では決して選ばないようなものを勧められた時ほど、一呼吸置いて一考し、可能なら試してみるのも

一案です。月の半ば以降は特に、人から「もたらされるもの・授かるもの」が増えます。真剣に吟味しつつ、心にぴんときたら、チャレンジ精神をONに。

◆知的活動の地殻変動が始まる。

月の下旬に入ると、遠くから意外なメッセージが飛び込んでくるかもしれません。遠い場所にいる人との関わりが生まれたり、今ある場所とは全く別の場所との関わりが、人生を変えるきっかけになったりする可能性も。また、勉強や研究活動、発信活動などに取り組んでいる人は、その活動の形や内容がこのあたりから、大きく変わるかもしれません。

♥愛の季節。「早とちり」には気をつけて。　♥ ♥ ♥

キラキラの楽しい季節です。フリーの人もカップルも、嬉しいことが多いでしょう。12月半ばから少しギクシャクしていた人も、年明けと同時に関係修復を図れるはずです。相手の話をよく聞いて、理解しようとするスタンスが大切です。

》》1月 全体の星模様 《

12月半ばから射手座で逆行中の水星が2日、順行に戻ります。コミュニケーション上の問題、遠方とのやりとりや移動の問題が解決に向かうでしょう。とはいえ月の半ばまでは、流言飛語の危険も。火星は山羊座で力を増し、権力闘争が煽られます。21日、昨年3月以来二度目の冥王星水瓶座入り、時代の大きな節目に。ただし冥王星の水瓶座入り完了は11月20日、まだ中間地点です。

2

FEBRUARY

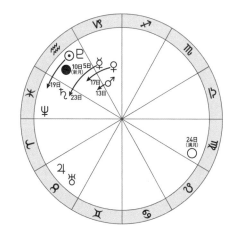

◆**前半は「対応力」、後半は「遠征力」。**

月の前半は引き続き、人から投げかけられてくるものを受け止めることに軸足が置かれます。ギフトを受け取るようなこと、あるいは提案や相談に「乗る」場面も多いでしょう。月の後半は行動範囲がぐっと広がります。遠出する機会も増えそうです。知的活動には一気に勢いが出てくるはずです。

◆**コミュニケーションの拡大、強化。**

コミュニケーションの範囲が大きく広がります。尊敬する人々と語り合えるようになりますし、発信活動をしている人は大きなチャンスを掴めるかもしれません。言葉を大切に。

◆**引き受ける「ポジション」の重み。** 🏠🏠

10日前後、新たな学びや研究のテーマに出会えそうです。ここからの学びのプロセスを通して、自分自身を縛るような価値観や考え方を「粉砕」できるかもしれません。24日前後は家族や身近な人との関わりが大きく進展する時です。普段の責任の重みを理解してもらえたり、応援してもらえるようになったりするかもしれません。「受け止めてもらえる」時です。

♥**愛を自分のものとして乗りこなす。** ♥♥

月の前半は非常に官能的な配置となっています。パートナーがいる人は特に、17日頃まで、心身の融け合うような満ち足りた時間を過ごせるでしょう。フリーの人、愛を探している人は、月の前半は誘惑が多いかもしれません。半ば以降になると愛は真剣味を帯び、より知的で踏み込んだ対話が可能になるようです。特に月の中ほどには、ある意味爆発的で突発的な愛のドラマの展開も。なし崩しに引き込まれるのではなく、自分の考えをきちんと持とうとすることがポイントです。

 2月 全体の星模様

火星は13日まで、金星は17日まで山羊座に滞在します。2022年の1月から3月頭に起こった出来事をなぞるような、あるいは明確にあの頃の「続き」と感じられるような出来事が起こるかもしれません。さらに月の半ばを過ぎて、社会的に非常にビビッドな転換点が訪れるでしょう。冥王星に火星、金星が重なり、人々の「集合的無意識」が表面化して大きな潮流が生じます。

3

MARCH

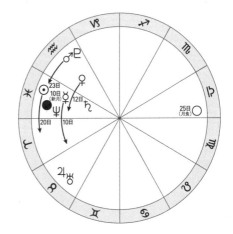

◆ **熱い野心のもと、大遠征。**

遠出の時間の中にあります。遠く旅する人、遠征に出かける人、出張や留学、移住などなんらかの熱い目的意識をもって移動する人が少なくないでしょう。精力的に学べる時間でもあります。この時期の学びはある種の野心を動機としています。知的大発見に大興奮するような時ほど、地道で丁寧な検証を。

◆ **月の半ば以降、キラキラの活躍期。**

月の上旬は非常に多忙ですが、妙に悲観的になったり、混乱したり、想像と現実がごっちゃになったりする場面が多いかもしれません。月の中旬に入ると状況は一変し、明るい見通しに立ってのびのびと活動できるようになります。意思疎通もスムー

ズになり、誤解も解け、人間関係が明るい雰囲気に包まれるでしょう。素敵なチャンスも巡ってきます。特技や才能を活かす場に恵まれそうです。密かに憧れていたポジションを掴む人もいるはずです。

◈ 悩みを「シェア」できる。

調子の悪さを感じていた人は、10日を境に心身のコンディションがパッと上向きになりそうです。一人で悩んでいたことも、人に相談する余裕が出てきます。孤独感が和らぎ、味方の姿が目に入る、開放的な時間がやってきます。

♥ 演出力、企画力が生きる。 ♥ ♥

25日前後、素晴らしい愛のドラマが展開しそうです。意外な相手と恋に落ちたり、片思いの相手と突然思いが通じるなど、びっくりするような嬉しいことが起こるかもしれません。カップルもとてもドラマティックなデートができそうです。持ち前の企画力をフルに活かして、ロマンスを演出して。

▶ 3月 全体の星模様 ◀

火星が冥王星と水瓶座に同座し、非常に鉄火な雰囲気が漂います。2023年頃から静かに燃え始めた野心が、最初のハッキリした「発火」を起こしそうです。月の上旬は水星が魚座に位置していて、コミュニケーション上の混乱が起こりやすいかもしれません。10日を境にその混乱がすうっと収まり、かわってとても優しい愛が満ちてきます。共感と信頼、救済の力を感じられます。

4

APRIL

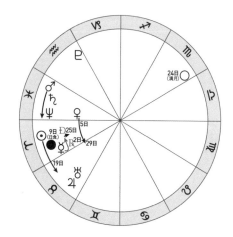

◆ **熱いチャレンジの時間。**

勝負の時です。特に仕事や対外的な活動において、ガンガンチャレンジできます。2023年頃から苦心してコツコツ進めてきたことが、嬉しい形で「爆発」「ブレイク」するかもしれません。思い悩んでいたことに真正面から向き合い、劇的に解決する人もいるでしょう。とにかく忙しくなりそうです。

◆ **あたたかな関係の中で、心を回復する。**

古い仲間同士で集まったり、チームを「再結成」したりすることになるかもしれません。長く会っていない友達から誘われるなど、普段とは少し違う人間関係の中に身を置くことになりそうです。上記の通り「チャレンジの時期」で、緊張感やストレ

スを感じている人も少なくないはずですが、昔の関わりに立ち戻ることで心が解(ほぐ)され、元気を取り戻せます。時には周囲から「甘やかしてもらう」ことも大事なのです。

◈25日までは、焦りは禁物。 ★

思ったようなスピードで動けなかったり、予定が何度も変更されてなかなか話が進まなかったりするかもしれません。星座を問わず、停滞や混乱が起こりやすい時です。先を急がず、どっしり構えて。25日には正常化に向かいます。

♥過去を振り返ると、未来が見つかる。 ♥♥

懐かしい交友関係の中から、愛が芽生えるかもしれません。同窓会など旧交をあたためる機会が増える時ですが、そこに愛の気配が強く漂っています。カップルは未来についての話の中で、不思議と過去の思い出や、お互いの幼い頃のエピソードなどを語り合うことになるかもしれません。過去の経験の中に、未来の選択の大切な動機を見出(みいだ)せます。

4月 全体の星模様

水星が牡羊座で逆行し、そこに金星が重なります。これは、混乱や緩みが感じられる配置です。年度替わりに「スタートダッシュ！」と意気込んでも、なぜかもたもた、ノロノロするかもしれません。先を急がずどっしり構えることがポイントです。魚座で土星と火星が同座し、ある種の手厳しさが強調されています。不安が反転して怒りが燃え上がるような、「逆ギレ」的展開も。

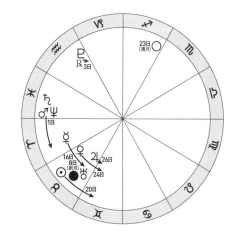

◈ **人知れず重ねた努力が報われる。**　★彡★彡

2023年半ばから、人に見えないところで努力を重ねてきたかも
しれません。どちらかと言えば一人で、あるいは「縁の下の力
持ち」のようなポジションで汗をかいてきたなら、その努力の
結果が表れるのがこの時期です。周囲から深く感謝される人、自
分の胸に救いや解放を感じる人もいるはずです。

◈ **木星到来、人生のターニングポイントへ。**　★彡★彡★彡

26日から2025年6月10日にかけて、「約12年に一度の、人生の
一大ターニングポイント」が訪れます。ここから1年ほどの中
で、転職や引っ越し、家族構成の変化、結婚や出産、社会的立
場の変化など、人生でそう何度も起こらないようなイベントが

起こり、生活を取り巻く風景がガラッと変わるでしょう。何が起こってもおかしくない、フレッシュな時間に入ります。第一印象で「自分にはこれは合わないかも」と思えても、少し試してみるとその印象が変わるかもしれません。

◆誰かの「導き」の手。
23日前後、誰かとの関係が大きく進展します。憧れや尊敬の念がぐっと強まり、その人に導かれることになるかも。

♥下旬に風が変わる。
20日から26日が「愛の転機」となりそうです。流れが変わり、一気に新しいことが起こり始めます。愛を探している人は特に、このあたりで愛のスイッチがONになるのを感じられるかもしれません。誰かの胸に飛び込んでいくような場面、または誰かがあなたの世界に飛び込んでくるような展開がありそうです。いつもは存在するはずの車間距離が消え、一気に愛のドラマが急展開し始めます。

5月 全体の星模様

牡牛座に星々がぎゅっと集まり、2023年5月からの「牡牛座木星時間」の最終段階に素晴らしい彩りを添えます。約1年頑張ってきたことがここで、非常に華やかな形で「完成」しそうです。牡牛座は物質・お金の星座であり、社会的には経済や金融などの分野で大変化が起こる可能性があります。20日から26日にかけて星々は順次双子座へ移動し、新しい時間が幕を開けます。

MONTHLY
HOROSCOPE

6

JUNE

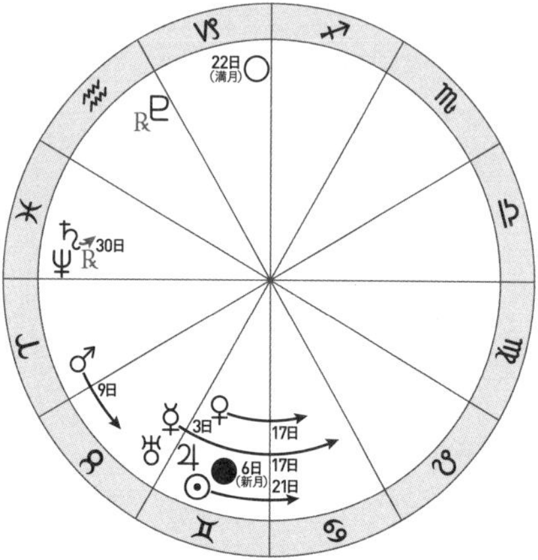

◈大スケールのスタートライン。 ★★★

月の前半はあなたの星座に星が四つ集まり、キラキラした雰囲気に包まれます。新しいことがどんどんスタートし、てんてこ舞いの状態になるでしょう。目立つ立場で活躍する人もいれば、人生を変えるような大きな決断をする人もいるはずです。特に6日前後、突発的な素晴らしいチャンスが。

◈人間関係に力を尽くす。 ♥♥♥

月の上旬は、交友関係に熱がこもります。友達とぶつかったり、仲間の衝突の仲裁をしたりと、ヒリヒリするような場面が多いかもしれません。月の中旬に入ると穏やかな関係を取り戻せます。あなたの尽力によって「和」が生まれるようです。公私と

もに素敵な出会いに恵まれる時期でもあります。苦手だった人と想定外に仲良くなれるかもしれません。

◆隠れた問題を解決する。
月の中旬以降、「隠れた問題に向き合う」時間に入ります。第三者から見えないところで、問題解決にガッチリ取り組めます。

♥二つの吉星の後押しを受ける。 ♥ ♥ ♥
17日まで愛の星・金星があなたのもとにあり、素晴らしい愛の時間となっています。先月末に木星もあなたのもとに巡ってきていて、星占いで「吉星」とされる星が両方、あなたの後押しをしている状態です。あなたという存在に強い幸福のスポットライトが当たっていて、愛を探している人はきっとチャンスを掴めますし、カップルもとてもハッピーな時間を過ごせるでしょう。パートナーについて新しい認識が生まれる気配もあります。「この人はこんな人だったんだ！」という嬉しい驚きを感じ、「惚れ直す」ような展開も。

≫≫ 6月 全体の星模様 ≪
双子座入りした木星に、水星、金星、太陽が寄り添い、ゆたかなコミュニケーションが発生しそうです。どの星もにぎやかでおしゃべりな傾向があり、あらゆる立場の人が一斉にしゃべり出すような、不思議なかしましさが感じられるでしょう。17日、水星と金星が揃って蟹座に抜けると、騒々しさは少し落ち着くかもしれません。全体に「流言飛語」「舌禍」に気をつけたい時間です。

MONTHLY
HOROSCOPE

7

JULY

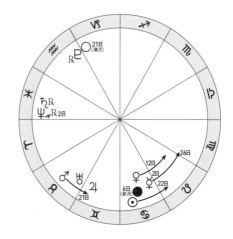

◆ **根本まで掘り下げ、粉砕する。**

ごく個人的な問題、隠れた問題、第三者にはわからない複雑な問題、慢性的に抱え込んできた問題等を、真正面から「粉砕」できる時です。その問題に過去1年ほどずっと取り組んできた人は、ここでかなり衝撃的な形で「最終決着」をつけることになるのかもしれません。根っこまでぐっと掘り下げて。

◆ **チャレンジと成長。**

21日以降、9月頭まで「勝負の時間」に入ります。既にあなたのもとに位置している成長の星・木星と火星が同座し、とにかくアクションを起こすこと、チャレンジすることを促しているのです。いつもよりスケールの大きな挑戦ができますし、その

挑戦を通して急成長を遂げられます。リスクを取っても、不思議と「守られている」感じがありそうです。

◈ 点を線で結んでゆく。

月の上旬は経済活動が活性化しています。入るほうも出るほうも「景気がいい」時間です。12日を過ぎると外に出る機会が増えます。色々な人から声をかけられ、誘われる形で、あちこち出向いて「点と点を線で結ぶ」ような動きができそうです。

♥ アイデアや言葉がきらめく。　　　　♥ ♥

12日以降、爽やかな追い風を感じられます。好きな人に話しかけるきっかけを掴めたり、身近な人が素敵な人を紹介してくれたりするかもしれません。何気なく出かけた先で意外な出会いがあるなど、外気に当たることでチャンスが広がります。カップルは愛のコミュニケーションが盛り上がる時です。敢えてラブレターを送るなど、ちょっとした演出が「効く」かもしれません。デートも企画力で大成功しそうです。

≫ 7月 全体の星模様 ≪

牡牛座の火星が天王星に重なり「爆発的」な雰囲気です。特に経済活動に関して、驚きの変化が起こりそうです。蓄積されてきたエネルギーに火がつく節目です。21日、火星は木星が待っている双子座に入ります。この21日は今年二度目の山羊座の満月で、水瓶座に移動完了しつつある冥王星と重なっていて、こちらも相当爆発的です。世の中がガラッと変わるような大ニュースも。

8

AUGUST

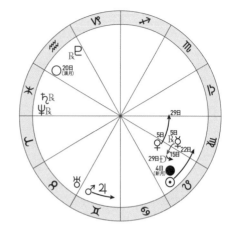

◆情熱を燃やし、不可能を可能に。 👊👊👊

5月末からの「人生の一大ターニングポイント」の時間に、特別な燃料が注がれ、火がつけられています。誰からもハッキリわかるほど、ゴウゴウと情熱を燃やして日々チャレンジしているあなたがいるはずです。9月頭にかけて、不可能を可能にし、無から全てを生み出すことができる時間帯です。

◆身内としっかり「確かめ合う」作業。 🏠🏠🏠

家族や身近な人との関係がとてもあたたかく、優しいものになります。互いにいたわり合い、話し合って、より良い環境を作るための工夫が捗りそうです。自分で考えたことだけで事を進めるのではなく、必ずそこにいる人の意見や思いに耳を傾ける

ことで、初めて「正解」が見つかります。「良かれと思ってやったことが的を外す」ことにならないよう、立ち止まって「確かめ合う」ことがポイントです。

◆挑戦を後押しする朗報。
4日前後、そして20日前後に、朗報が飛び込んできそうです。今のチャレンジを力強く後押ししてもらえます。

♥空回りしても、焦らないで。 ♥
情熱は燃えているのになかなかその思いを伝えられなかったり、動くチャンスを掴めなかったりと、空回りしがちかもしれません。ただ、29日には一転して素晴らしい追い風が吹き始めます。全ての不安が一掃され、キラキラの愛のドラマが進展し始めるでしょう。8月中は地に足のついた優しさ、現実感のあるケアが、愛の世界で功を奏します。愛を探している人は、懐かしい場所に帰ること、古い友人知己に連絡を取ることなどが「効く」ようです。過去を振り返って。

≫≫ 8月 全体の星模様 ≪
双子座に火星と木星が同座し、あらゆる意味で「熱い」時期となっています。荒ぶるエネルギーが爆発するようなイメージの配置で、普段抱えている不満や問題意識がはじけ飛んだようなアクションを起こせそうです。徹底的な交渉の上で要求を通せます。一方、5日から29日まで水星が乙女座ー獅子座にまたがって逆行します。金星も重なっていて、少々グダグダになる雰囲気も。

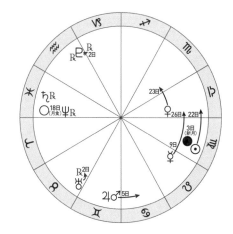

◆ **リラックスして、長期的視野に立つ。** ★彡★彡

7月下旬からの熱い「闘いの時間」が、5日で収束します。プレッシャーやストレスから解放され、ホッとひと息つく人も多いでしょう。9月はこれまでの疲れを癒せる、落ち着いた環境に恵まれます。周囲の人々もとても優しくしてくれます。肩の力を抜き、長い目で物事を捉え直す余裕が出てきます。

◆ **生活全体に喜びが満ちる。** 🏠🏠🏠

調子がどんどん上向く時で、生活全体が明るく輝きます。身近な人とのコミュニケーションもとても風通しが良くなりますし、焦りや苛立ちが消え、穏やかに過ごせるでしょう。家の中が散らかり気味だった人は、しっかり片づきます。生活動線をきち

んと整備できる時でもあります。遊びや趣味にも力がこもります。心の赴くままに楽しんで。

◆「欲が出る」時間へ。

経済活動がここから11月頭にかけて活性化します。欲しいものを手に入れるため、あるいはより多く稼ぐために、精力的にチャレンジする人が少なくないでしょう。貪欲に。

♥楽しいことがたくさんありそう。 ♥ ♥ ♥

キラキラの愛の季節の中にあります。絶好調です。7月末頃からパートナーとケンカしていたという人もいるかもしれませんが、9月に入るとしっかり仲直りできるでしょう。カップルもフリーの人も、素敵な愛のドラマを楽しめそうです。愛を探している人は、かなりナチュラルな形できっかけを掴めるかもしれません。遊びに出かけたり、趣味に勤しんだりと、楽しみのためのアクションを起こす中でチャンスを見つけられそうです。愛情表現はストレートに。

》9月 全体の星模様 《

双子座で木星と同座していた火星が蟹座に抜け、ヒートアップした雰囲気が一段落します。金星は既に天秤座に「帰宅」しており、水星も順行に戻って9日から乙女座入り、オウンサインです。水星も金星も自分の支配する星座で、その力がストレートに出やすいとされる配置になります。コミュニケーションやビジネス、交渉や人間関係全般が、軌道修正の流れに乗ります。

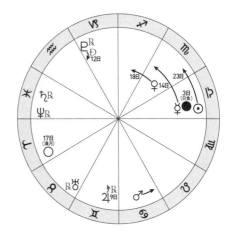

◆人生を拡張するような経済活動。

経済活動が熱く盛り上がります。欲しいものをガンガン手に入れられる時です。また、2023年頃からストイックに努力してきたことがある人は、その努力が経済的な実を結ぶことになるかもしれません。血と汗と涙の結晶を収穫できそうです。人生を思い切って拡張するような大きな買い物をする人も。

◆爽やかな楽しさに包まれる前半。 🖤🖤

月の前半はとても楽しい時間です。創造的な活動に追い風が吹き、遊びや趣味などにもいきいきと取り組めそうです。日常生活に楽しいことをどしどし増やしていける時でもあります。普段厳しく自分を律して生活している人も、この時期は少しルー

ルを緩めて、楽しむことを優先したいところです。

◆ **人と関わることで成長できる。**

18日以降「人に恵まれる」時間となります。この時期は特に、人間関係にどっぷりハマるような感じがあるかもしれません。公私ともに、誰かと一対一で関わることに多くの時間や労力を割き、その情愛を糧に、一気に成長できそうです。

♥ **チャンスが目白押し。** ♥ ♥ ♥

トキメキのチャンスがたくさんある時です。前半は爽やかな追い風が吹き続け、特に3日前後、「愛のミラクル」の気配があります。運命を感じるような出会い、渡りに船の進展、誰かが助け船を出してくれて愛のドラマが急展開、などのことが起こりそうです。さらに18日から11月半ばにかけて「愛のパートナーシップ」の時間に入ります。パートナーとの関係がとても親密なものになりますし、出会いを探している人にも追い風が吹きます。第三者からの紹介に妙味が。

》》 10月 全体の星模様 《《

引き続き、火星が蟹座に位置し、金星は蠍座に入っています。太陽は天秤座で、これらの配置は全て「ちょっと変則的な面が出る」形とされています。エネルギーが暴走したり、タイミングがズレたりと、想定外の展開が多そうですが、そうしたはみ出る部分、過剰な部分がむしろ、物事の可能性を広げてくれます。3日は天秤座での日食、南米などで金環日食が見られます。

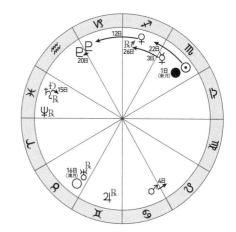

11

NOVEMBER

◆人と関わる中で、人生が進展する。　　　　★彡★★彡

2024年後半のあなたの「約12年に一度の、人生の一大ターニングポイント」に、色々な人が参加してきます。人との関わりが一気に盛り上がり、その盛り上がりの中であなたの人生が面白い方向に転がり始めるのです。出会いがあり、再会があり、重要な対話が重ねられて、人生が急展開します。

◆熱い旅と学びの時間へ。　　　　　　　　　

ここから2025年半ばにかけて、熱いコミュニケーションの時間となっています。たくさんの人と語り合い、フットワーク良く動き回って、行動範囲をどんどん広げられます。旅に出る人も少なくないでしょう。大スケールの旅の計画が今月、突然起ち

上がるかもしれません。知的活動にも熱がこもります。精力的に学んで、大きな成果を出せそうです。

◇ミラクルな問題解決。　　　　　　　　　　　¥¥
12日以降、経済活動に爽やかな追い風が吹きます。嬉しいギフトを受け取れそうです。16日前後、特別な問題解決が起こりそうです。慢性的で複雑な悩みが一発解決する気配が。

♥対話を重ねてゆく。　　　　　　　　　　★彡★彡★彡
12日まで、素晴らしいパートナーシップの時間の中にあります。パートナーとの時間がとても楽しいものになりますし、大事な相談をしっかり積み重ねられそうです。月末以降、「再会」の流れが強まります。失った愛がよみがえるような展開も。愛を探している人も、懐かしい人との再会が、新しい出会いのきっかけとなるかもしれません。外に出る機会を増やし、フットワーク良く色々な場所を訪ねることで、チャンスを増やせます。強くハッキリした言葉を選ぶことがポイントです。

>>> 11月 全体の星模様 <<<

火星は4日から1月6日まで獅子座に滞在し、さらに逆行を経て2025年4月18日から6月17日まで長期滞在します。2025年半ばまでの中で、二段階にわたる「勝負」ができる時と言えます。射手座の水星と双子座の木星は、互いに支配星を交換するような「ミューチュアル・リセプション」の位置関係になります。錯綜するニュースがセンセーショナルに注目されそうです。

12

DECEMBER

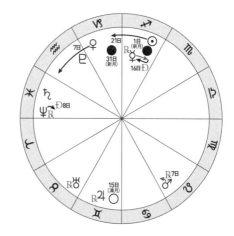

◆**人に揉まれて、一皮むける。**

引き続き、ゆたかな人間関係の中にあります。特に月の前半は「再会」の気配が強く、懐かしい人との関係が復活しそうです。12月全体を通して、人の懐に飛び込んで揉まれ、誰かが思い切ってぶつかってきてくれて刺激を受け、ドラマティックに踏み込み合って、新しい自分を発見できそうです。

◆**「弟子入り」の体験。** ★彡★彡

「いつものやりかた」「自分らしさ」にこだわらないことがポイントです。自分の流儀を通そうと思っても、今はほとんど通らないでしょう。自分以外の誰かのやり方に思い切って身を委ねて、今学ぶべきことが何なのかがわかります。この時期は言わ

ば、人生の師匠のもとに「弟子入り」しているような状

一時的に誰かの言いなりになったり、誰かのマネをしたり

ことで、変えがたかった何かを変えられます。

◈道の分岐点。

1日前後、公私ともに素敵な出会いがありそうです。15日前後、

重要な転機が巡ってきます。大事な選択ができそうです。

♥言葉を丁寧に扱う。　　　　　　　　★彡★彡

月の前半まで「戻ってくる・よみがえる」ものが多そうです。冷

めかけていた気持ちが再燃したり、誰かとの再会を通して愛が

芽生えたりするかもしれません。日常的には、パートナーとの

スケジュールがすれ違いがちになり、勘違いや行き違いが起こ

りやすい時です。この混乱は16日以降、しっかりリカバリでき

ます。些細な言葉のあやでコミュニケーションがこんがらがり

やすい時なので、揚げ足取りや過剰なイジリには気をつけたい

ところです。ウワサは話半分以下で。

》12月 全体の星模様《

水星は16日まで射手座で逆行します。「流言飛語による混乱」

感じさせる形です。コミュニケーションや交通機関にまつわる

乱が起こりやすいかもしれません。火のないところにウワサ

って大きくなる時なので「舌禍」に気をつけたいところです

瓶座入りしたばかりの冥王星に、獅子座の火星が180度で

イ（接近）します。欲望や戦意が荒ぶる高揚を見せそうで

HOSHIORI

月と星で読む
双子座 366日のカレンダー

◆月の巡りで読む、12種類の日。

　毎日の占いをする際、最も基本的な「時計の針」となるのが、月の動きです。「今日、月が何座にいるか」がわかれば、今日のあなたの生活の中で、どんなテーマにスポットライトが当たっているかがわかります（P.64からの「366日のカレンダー」に、毎日の月のテーマが書かれています。🌙マークは新月や満月など、◆マークは星の動きです）。

　本書では、月の位置による「その日のテーマ」を、右の表のように表しています。

　月は1ヵ月で12星座を一回りするので、一つの星座に2日半ほど滞在します。ゆえに、右の表の「○○の日」は、毎日変わるのではなく、2日半ほどで切り替わります。

　月が星座から星座へと移動するタイミングが、切り替えの時間です。この「切り替えの時間」はボイドタイムの終了時間と同じです。

1. **スタートの日**：物事が新しく始まる日。
「仕切り直し」ができる、フレッシュな雰囲気の日。

2. **お金の日**：経済面・物質面で動きが起こりそうな日。
自分の手で何かを創り出せるかも。

3. **メッセージの日**：素敵なコミュニケーションが生まれる。
外出、勉強、対話の日。待っていた返信が来る。

4. **家の日**：身近な人や家族との関わりが豊かになる。
家事や掃除など、家の中のことをしたくなるかも。

5. **愛の日**：恋愛他、愛全般に追い風が吹く日。
好きなことができる。自分の時間を作れる。

6. **メンテナンスの日**：体調を整えるために休む人も。
調整や修理、整理整頓、実務などに力がこもる。

7. **人に会う日**：文字通り「人に会う」日。
人間関係が活性化する。「提出」のような場面も。

8. **プレゼントの日**：素敵なギフトを受け取れそう。
他人のアクションにリアクションするような日。

9. **旅の日**：遠出することになるか、または、
遠くから人が訪ねてくるかも。専門的学び。

10. **達成の日**：仕事や勉強など、頑張ってきたことについて、
何らかの結果が出るような日。到達。

11. **友だちの日**：交友関係が広がる、賑やかな日。
目指している夢や目標に一歩近づけるかも。

12. **ひみつの日**：自分一人の時間を持てる日。
自分自身としっかり対話できる。

◆ 太陽と月と星々が巡る「ハウス」のしくみ。

前ページの、月の動きによる日々のテーマは「ハウス」というしくみによって読み取れます。

「ハウス」は、「世俗のハウス」とも呼ばれる、人生や生活の様々なイベントを読み取る手法です。12星座の一つ一つを「部屋」に見立て、そこに星が出入りすることで、その時間に起こる出来事の意義やなりゆきを読み取ろうとするものです。

自分の星座が「第1ハウス」で、そこから反時計回りに12まで数字を入れてゆくと、ハウスの完成です。

第1ハウス：「自分」のハウス
第2ハウス：「生産」のハウス
第3ハウス：「コミュニケーション」のハウス
第4ハウス：「家」のハウス
第5ハウス：「愛」のハウス
第6ハウス：「任務」のハウス
第7ハウス：「他者」のハウス
第8ハウス：「ギフト」のハウス
第9ハウス：「旅」のハウス
第10ハウス：「目標と結果」のハウス
第11ハウス：「夢と友」のハウス
第12ハウス：「ひみつ」のハウス

例：双子座の人の場合

自分の星座が
第1ハウス

反時計回り

たとえば、今日の月が射手座に位置していたとすると、この日は「第7ハウスに月がある」ということになります。

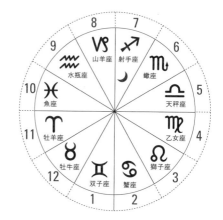

前々ページの「〇〇の日」の前に打ってある数字は、実はハウスを意味しています。「第7ハウスに月がある」日は、「7. 人に会う日」です。

太陽と月、水星から海王星までの惑星、そして準惑星の冥王星が、この12のハウスをそれぞれのスピードで移動していきます。「どの星がどのハウスにあるか」で、その時間のカラーやそのとき起こっていることの意味を、読み解くことができるのです。詳しくは『星読み＋2022〜2032年データ改訂版』(幻冬舎コミックス刊)、または『月で読むあしたの星占い』(すみれ書房刊)でどうぞ！

1 ・JANUARY・

1	月	家の日 「普段の生活」が充実。身内との関係強化。環境改善ができる。
2	火	家の日 「普段の生活」が充実。身内との関係強化。環境改善ができる。 ◆水星が「他者」のハウスで順行へ。人間関係に関する混乱からの回復、前進。相互理解。
3	水	家の日 ▶ 愛の日 [ボイド] 08:38～09:48 愛の追い風が吹く。好きなことができる。
4	木	❶愛の日 愛について嬉しいことがある。子育て、趣味、創作にも追い風が。 ◆火星が「ギフト」のハウスへ。誘惑と情熱の呼応。生命の融合。精神的支配。配当。負債の解消。
5	金	愛の日 ▶ メンテナンスの日 [ボイド] 20:42～21:41 「やりたいこと」から「やるべきこと」へのシフト。
6	土	メンテナンスの日 生活や心身の故障部分を修理できる。ケアしたり、されたり。
7	日	メンテナンスの日 生活や心身の故障部分を修理できる。ケアしたり、されたり。
8	月	メンテナンスの日 ▶ 人に会う日 [ボイド] 05:24～06:10 「自分の世界」から「外界」へ出るような節目。
9	火	人に会う日 人に会ったり、会う約束をしたりする日。出会いの気配も。
10	水	人に会う日 ▶ プレゼントの日 [ボイド] 03:26～10:35 他者との関係に、さらに一歩踏み込めるように。
11	木	●プレゼントの日 人から貴重なものを受け取れる。提案を受ける場面も。 ❶「ギフト」のハウスで新月。心の扉を開く。誰かに導かれての経験。ギフトから始まること。
12	金	プレゼントの日 ▶ 旅の日 [ボイド] 11:35～12:03 遠い場所との間に、橋が架かり始める。
13	土	旅の日 [ボイド] 19:00～ 遠出したり、遠くから人が訪ねてくれたりする日。発信力も増す。
14	日	旅の日 ▶ 達成の日 [ボイド] ～12:31 意欲が湧く。はっきりした成果が出る時間へ。 ◆水星が「ギフト」のハウスへ。利害のマネジメント。コンサルテーション。カウンセリング。
15	月	達成の日 目標に手が届く。結果が出る日。人から認められる場面も。
16	火	達成の日 ▶ 友だちの日 [ボイド] 13:34～13:50 肩の力が抜け、伸びやかな気持ちになれる。

17	水	友だちの日 未来のプランを立てる。友だちと過ごせる。チームワーク。
18	木	◗ 友だちの日 ▶ ひみつの日　　　　　　　　　　　[ボイド] 17:04〜17:14 ざわめきから少し離れたくなる。自分の時間。
19	金	ひみつの日 一人の時間。過去を振り返り、戦略を練る。自分を大事にする。
20	土	ひみつの日 ▶ スタートの日　　　　　　　　　　　[ボイド] 22:59〜23:00 新しいことを始めやすい時間に切り替わる。 ◆太陽が「旅」のハウスへ。1年のサイクルの中で「精神的成長」を確認するとき。
21	日	スタートの日 主役の意識で動く。新しい選択肢を選べる。気持ちが切り替わる。 ◆冥王星が「旅」のハウスへ。ここから2043年頃にかけ、人生を変えるような旅を重ねることに。
22	月	スタートの日 主役の意識で動く。新しい選択肢を選べる。気持ちが切り替わる。
23	火	スタートの日 ▶ お金の日　　　　　　　　　　　[ボイド] 05:42〜06:52 物質面・経済活動が活性化する時間に入る。 ◆金星が「ギフト」のハウスへ。欲望の解放と調整、他者への要求、他者からの要求。甘え。
24	水	お金の日 いわゆる「金運がいい」日。実入りが良く、いい買い物もできそう。
25	木	お金の日 ▶ メッセージの日　　　　　　　　　　[ボイド] 08:00〜16:38 「動き」が出てくる。コミュニケーションの活性。
26	金	○ メッセージの日 待っていた朗報が届く。勉強が捗る。外に出たくなる日。 ☾「コミュニケーション」のハウスで満月。重ねてきた勉強や対話が実を結ぶとき。意思疎通が叶う。
27	土	メッセージの日　　　　　　　　　　　　　　　　[ボイド] 06:21〜 待っていた朗報が届く。勉強が捗る。外に出たくなる日。 ◆天王星が「ひみつ」のハウスで順行へ。心を塞ぐ大岩のいくつかを粉砕できる。不安の解消。
28	日	メッセージの日 ▶ 家の日　　　　　　　　　　　[ボイド] 〜04:13 生活環境や身内に目が向かう。原点回帰。
29	月	家の日 「普段の生活」が充実。身内との関係強化。環境改善ができる。
30	火	家の日 ▶ 愛の日　　　　　　　　　　　　　　　[ボイド] 08:22〜17:06 愛の追い風が吹く。好きなことができる。
31	水	愛の日 愛について嬉しいことがある。子育て、趣味、創作にも追い風が。

2 ·FEBRUARY·

1 木 愛の日 　　　　　　　　　　　　　　　　　　　[ボイド] 18:05〜
愛について嬉しいことがある。子育て、趣味、創作にも追い風が。

2 金 愛の日 ▶ メンテナンスの日 　　　　　　　　　　[ボイド] 〜05:39
「やりたいこと」から「やるべきこと」へのシフト。

3 土 ◑メンテナンスの日
生活や心身の故障部分を修理できる。ケアしたり、されたり。

4 日 メンテナンスの日 ▶ 人に会う日 　　　　　　　[ボイド] 12:26〜15:30
「自分の世界」から「外界」へ出るような節目。

5 月 人に会う日
人に会ったり、会う約束をしたりする日。出会いの気配も。
◆水星が「旅」のハウスへ。軽やかな旅立ち。勉強や研究に追い風が、導き手に恵まれる。

6 火 人に会う日 ▶ プレゼントの日 　　　　　　　　[ボイド] 14:08〜21:10
他者との関係に、さらに一歩踏み込めるように。

7 水 プレゼントの日
人から貴重なものを受け取れる。提案を受ける場面も。

8 木 プレゼントの日 ▶ 旅の日 　　　　　　　　　　[ボイド] 16:54〜23:01
遠い場所の間に、橋が架かり始める。

9 金 旅の日
遠出したり、遠くから人が訪ねてくれたりする日。発信力も増す。

10 土 ●旅の日 ▶ 達成の日 　　　　　　　　　　　　[ボイド] 08:01〜22:44
意欲が湧く。はっきりした成果が出る時間へ。
☽「旅」のハウスで新月。旅に出発する。専門分野を開拓し始める。矢文を放つ。

11 日 達成の日
目標に手が届く。結果が出る日。人から認められる場面も。

12 月 達成の日 ▶ 友だちの日 　　　　　　　　　　[ボイド] 21:33〜22:27
肩の力が抜け、伸びやかな気持ちになれる。

13 火 友だちの日
未来のプランを立てる。友だちと過ごせる。チームワーク。
◆火星が「旅」のハウスへ。ここから「遠征」「挑戦の旅」に出発する人も。学びへの情熱。

14 水 友だちの日 　　　　　　　　　　　　　　　　[ボイド] 19:22〜
未来のプランを立てる。友だちと過ごせる。チームワーク。

15 木 友だちの日 ▶ ひみつの日 　　　　　　　　　　[ボイド] 〜00:04
ざわめきから少し離れたくなる。自分の時間。

16 金 ひみつの日
一人の時間。過去を振り返り、戦略を練る。自分を大事にする。

17 土
◐ひみつの日▶スタートの日 ［ボイド］00:02～04:41
新しいことを始めやすい時間に切り替わる。
◆金星が「旅」のハウスへ。楽しい旅の始まり、旅の仲間。研究の果実。距離を越える愛。

18 日
スタートの日
主役の意識で動く。新しい選択肢を選べる。気持ちが切り替わる。

19 月
スタートの日▶お金の日 ［ボイド］12:22～12:26
物質面・経済活動が活性化する時間に入る。
◆太陽が「目標と結果」のハウスへ。１年のサイクルの中で「目標と達成」を確認するとき。

20 火
お金の日
いわゆる「金運がいい」日。実入りが良く、いい買い物もできそう。

21 水
お金の日▶メッセージの日 ［ボイド］15:39～22:42
「動き」が出てくる。コミュニケーションの活性。

22 木
メッセージの日
待っていた朗報が届く。勉強が捗る。外に出たくなる日。

23 金
メッセージの日 ［ボイド］13:19～
待っていた朗報が届く。勉強が捗る。外に出たくなる日。
◆水星が「目標と結果」のハウスへ。ここから忙しくなる。新しい課題、ミッション、使命。

24 土
○メッセージの日▶家の日 ［ボイド］～10:39
生活環境や身内に目が向かう。原点回帰。
☽「家」のハウスで満月。居場所が「定まる」。身近な人との間で「心満ちる」とき。

25 日
家の日
「普段の生活」が充実。身内との関係強化。環境改善ができる。

26 月
家の日▶愛の日 ［ボイド］16:37～23:31
愛の追い風が吹く。好きなことができる。

27 火
愛の日
愛について嬉しいことがある。子育て、趣味、創作にも追い風が。

28 水
愛の日 ［ボイド］03:23～
愛について嬉しいことがある。子育て、趣味、創作にも追い風が。

29 木
愛の日▶メンテナンスの日 ［ボイド］～12:11
「やりたいこと」から「やるべきこと」へのシフト。

3 ·MARCH·

1	金	メンテナンスの日 生活や心身の故障部分を修理できる。ケアしたり、されたり。
2	土	メンテナンスの日 ▶ 人に会う日　　　　　　　[ボイド] 16:49〜22:58 「自分の世界」から「外界」へ出るような節目。
3	日	人に会う日 人に会ったり、会う約束をしたりする日。出会いの気配も。
4	月	◐ 人に会う日 人に会ったり、会う約束をしたりする日。出会いの気配も。
5	火	人に会う日 ▶ プレゼントの日　　　　　　　　[ボイド] 00:42〜06:17 他者との関係に、さらに一歩踏み込めるように。
6	水	プレゼントの日 人から貴重なものを受け取れる。提案を受ける場面も。
7	木	プレゼントの日 ▶ 旅の日　　　　　　　　　　[ボイド] 04:37〜09:40 遠い場所との間に、橋が架かり始める。
8	金	旅の日 遠出したり、遠くから人が訪ねてくれたりする日。発信力も増す。
9	土	旅の日 ▶ 達成の日　　　　　　　　　　　　　[ボイド] 03:57〜10:05 意欲が湧く。はっきりした成果が出る時間へ。
10	日	● 達成の日 目標に手が届く。結果が出る日。人から認められる場面も。 ◆水星が「夢と友」のハウスへ。仲間に恵まれる爽やかな季節。友と夢を語れる。新しい計画。♪「目標と結果」のハウスで新月。新しいミッションがスタートするとき。目的意識が定まる。
11	月	達成の日 ▶ 友だちの日　　　　　　　　　　　[ボイド] 04:47〜09:21 肩の力が抜け、伸びやかな気持ちになれる。
12	火	友だちの日　　　　　　　　　　　　　　　　　[ボイド] 20:10〜 未来のプランを立てる。友だちと過ごせる。チームワーク。 ◆金星が「目標と結果」のハウスへ。目標達成と勲章。気軽に掴めるチャンス。嬉しい配役。
13	水	友だちの日 ▶ ひみつの日　　　　　　　　　　[ボイド] 〜09:30 ざわめきから少し離れたくなる。自分の時間。
14	木	ひみつの日 一人の時間。過去を振り返り、戦略を練る。自分を大事にする。
15	金	ひみつの日 ▶ スタートの日　　　　　　　　　[ボイド] 07:31〜12:17 新しいことを始めやすい時間に切り替わる。
16	土	スタートの日 主役の意識で動く。新しい選択肢を選べる。気持ちが切り替わる。
17	日	◑ スタートの日 ▶ お金の日　　　　　　　　　[ボイド] 13:45〜18:42 物質面・経済活動が活性化する時間に入る。

| 18 | 月 | お金の日 |
| | | いわゆる「金運がいい」日。実入りが良く、いい買い物もできそう。 |

| 19 | 火 | お金の日 |
| | | いわゆる「金運がいい」日。実入りが良く、いい買い物もできそう。 |

20	水	お金の日 ▶ メッセージの日　　　　　　　　　[ボイド] 03:54〜04:34
		「動き」が出てくる。コミュニケーションの活性。
		◆太陽が「夢と友」のハウスへ。1年のサイクルの中で「友」「未来」
		に目を向ける季節へ。

| 21 | 木 | メッセージの日 |
| | | 待っていた朗報が届く。勉強が捗る。外に出たくなる日。 |

| 22 | 金 | メッセージの日 ▶ 家の日　　　　　　　　　　[ボイド] 15:36〜16:43 |
| | | 生活環境や身内に目が向かう。原点回帰。 |

23	土	家の日
		「普段の生活」が充実。身内との関係強化。環境改善ができる。
		◆火星が「目標と結果」のハウスへ。キャリアや社会的立場における
		「勝負」の季節へ。挑戦の時間。

| 24 | 日 | 家の日 |
| | | 「普段の生活」が充実。身内との関係強化。環境改善ができる。 |

25	月	○家の日 ▶ 愛の日　　　　　　　　　　　　[ボイド] 00:51〜05:39
		愛の追い風が吹く。好きなことができる。
		☽「愛」のハウスで月食。愛が特別な形で「満ちる」節目。愛のマイ
		ルストーン。

| 26 | 火 | 愛の日 |
| | | 愛について嬉しいことがある。子育て、趣味、創作にも追い風が。 |

| 27 | 水 | 愛の日 ▶ メンテナンスの日　　　　　　　　[ボイド] 08:11〜18:04 |
| | | 「やりたいこと」から「やるべきこと」へのシフト。 |

| 28 | 木 | メンテナンスの日 |
| | | 生活や心身の故障部分を修理できる。ケアしたり、されたり。 |

| 29 | 金 | メンテナンスの日 |
| | | 生活や心身の故障部分を修理できる。ケアしたり、されたり。 |

| 30 | 土 | メンテナンスの日 ▶ 人に会う日　　　　　　[ボイド] 00:41〜04:53 |
| | | 「自分の世界」から「外界」へ出るような節目。 |

| 31 | 日 | 人に会う日 |
| | | 人に会ったり、会う約束をしたりする日。出会いの気配も。 |

4 ·APRIL·

1 月　人に会う日 ▶ プレゼントの日　　　　　　　　　　　　［ボイド］09:18〜13:07
他者との関係に、さらに一歩踏み込めるように。

2 火　◐ プレゼントの日
人から貴重なものを受け取れる。提案を受ける場面も。
◆水星が「夢と友」のハウスで逆行開始。古い交友関係の復活、過去からももたらされる恵み。

3 水　プレゼントの日 ▶ 旅の日　　　　　　　　　　　　　　　　［ボイド］14:42〜18:09
遠い場所との間に、橋が架かり始める。

4 木　旅の日
遠出したり、遠くから人が訪ねてくれたりする日。発信力も増す。

5 金　旅の日 ▶ 達成の日　　　　　　　　　　　　　　　　　　　［ボイド］14:41〜20:14
意欲が湧く。はっきりした成果が出る時間へ。
◆金星が「夢と友」のハウスへ。友や仲間との交流が華やかに。「恵み」を受け取れる。

6 土　達成の日
目標に手が届く。結果が出る日。人から認められる場面も。

7 日　達成の日 ▶ 友だちの日　　　　　　　　　　　　　　　　　［ボイド］17:29〜20:26
肩の力が抜け、伸びやかな気持ちになれる。

8 月　友だちの日
未来のプランを立てる。友だちと過ごせる。チームワーク。

9 火　● 友だちの日 ▶ ひみつの日　　　　　　　　　　　　　　　［ボイド］11:40〜20:25
ざわめきから少し離れたくなる。自分の時間。
☽「夢と友」のハウスで日食。友や仲間との特別な出会いがあるかも。新しい夢を見つける。

10 水　ひみつの日
一人の時間。過去を振り返り、戦略を練る。自分を大事にする。

11 木　ひみつの日 ▶ スタートの日　　　　　　　　　　　　　　　［ボイド］19:06〜22:00
新しいことを始めやすい時間に切り替わる。

12 金　スタートの日
主役の意識で動く。新しい選択肢を選べる。気持ちが切り替わる。

13 土　スタートの日　　　　　　　　　　　　　　　　　　　　　　［ボイド］23:48〜
主役の意識で動く。新しい選択肢を選べる。気持ちが切り替わる。

14 日　スタートの日 ▶ お金の日　　　　　　　　　　　　　　　　［ボイド］〜02:47
物質面・経済活動が活性化する時間に入る。

15 月　お金の日
いわゆる「金運がいい」日。実りが良く、いい買い物もできそう。

16 火　◑ お金の日 ▶ メッセージの日　　　　　　　　　　　　　　［ボイド］08:24〜11:26
「動き」が出てくる。コミュニケーションの活性。

17	水	メッセージの日 待っていた朗報が届く。勉強が捗る。外に出たくなる日。
18	木	メッセージの日 ▶ 家の日　　　　　　　　　　　[ボイド] 21:04〜23:12 生活環境や身内に目が向かう。原点回帰。
19	金	家の日 「普段の生活」が充実。身内との関係強化。環境改善ができる。 ◆太陽が「ひみつ」のハウスへ。新しい1年を目前にしての、振り返りと準備の時期。
20	土	家の日 「普段の生活」が充実。身内との関係強化。環境改善ができる。
21	日	家の日 ▶ 愛の日　　　　　　　　　　　　　　[ボイド] 09:21〜12:10 愛の追い風が吹く。好きなことができる。
22	月	愛の日 愛について嬉しいことがある。子育て、趣味、創作にも追い風が。
23	火	愛の日　　　　　　　　　　　　　　　　　　　[ボイド] 08:26〜 愛について嬉しいことがある。子育て、趣味、創作にも追い風が。
24	水	○ 愛の日 ▶ メンテナンスの日　　　　　　　　　[ボイド] 〜00:21 「やりたいこと」から「やるべきこと」へのシフト。 ☽「任務」のハウスで満月。日々の努力や蓄積が「実る」。自他の体調のケアに留意。
25	木	メンテナンスの日 生活や心身の故障部分を修理できる。ケアしたり、されたり。 ◆水星が「夢と友」のハウスで順行へ。交友関係の正常化、ネットワーク拡大の動きが再開する。
26	金	メンテナンスの日 ▶ 人に会う日　　　　　　　　[ボイド] 08:18〜10:39 「自分の世界」から「外界」へ出るような節目。
27	土	人に会う日 人に会ったり、会う約束をしたりする日。出会いの気配も。
28	日	人に会う日 ▶ プレゼントの日　　　　　　　　　[ボイド] 16:33〜18:39 他者との関係に、さらに一歩踏み込めるように。
29	月	プレゼントの日 人から貴重なものを受け取れる。提案を受ける場面も。 ◆金星が「ひみつ」のハウスへ。これ以降、純粋な愛情から行動できる。一人の時間の充実も。
30	火	プレゼントの日 人から貴重なものを受け取れる。提案を受ける場面も。

5 ·MAY·

1	水	◗ プレゼントの日 ▶ 旅の日　　　　　　　　　　　　　[ボイド] 00:20～00:21 遠い場所との間に、橋が架かり始める。 ◆火星が「夢と友」のハウスへ。交友関係やチームワークに「熱」がこもる。夢を叶える勝負。
2	木	旅の日　　　　　　　　　　　　　　　　　　　　　　[ボイド] 18:30～ 遠出したり、遠くから人が訪ねてくれたりする日。発信力も増す。
3	金	旅の日 ▶ 達成の日　　　　　　　　　　　　　　　　　[ボイド] ～03:53 意欲が湧く。はっきりした成果が出る時間へ。 ◆冥王星が「旅」のハウスで逆行開始。答えの前に、まず謎を発見するための旅。
4	土	達成の日 目標に手が届く。結果が出る日。人から認められる場面も。
5	日	達成の日 ▶ 友だちの日　　　　　　　　　　　　　　　[ボイド] 04:08～05:42 肩の力が抜け、伸びやかな気持ちになれる。
6	月	友だちの日　　　　　　　　　　　　　　　　　　　　[ボイド] 14:59～ 未来のプランを立てる。友だちと過ごせる。チームワーク。
7	火	友だちの日 ▶ ひみつの日　　　　　　　　　　　　　　[ボイド] ～06:44 ざわめきから少し離れたくなる。自分の時間。
8	水	● ひみつの日 一人の時間。過去を振り返り、戦略を練る。自分を大事にする。 ◗「ひみつ」のハウスで新月。密かな迷いから解放される。自他を救うための行動を起こす。
9	木	ひみつの日 ▶ スタートの日　　　　　　　　　　　　　[ボイド] 06:57～08:22 新しいことを始めやすい時間に切り替わる。
10	金	スタートの日 主役の意識で動く。新しい選択肢を選べる。気持ちが切り替わる。
11	土	スタートの日 ▶ お金の日　　　　　　　　　　　　　　[ボイド] 10:51～12:15 物質面・経済活動が活性化する時間に入る。
12	日	お金の日 いわゆる「金運がいい」日。実入りが良く、いい買い物もできそう。
13	月	お金の日 ▶ メッセージの日　　　　　　　　　　　　　[ボイド] 18:14～19:38 「動き」が出てくる。コミュニケーションの活性。
14	火	メッセージの日 待っていた朗報が届く。勉強が捗る。外に出たくなる日。
15	水	◑ メッセージの日 待っていた朗報が届く。勉強が捗る。外に出たくなる日。
16	木	メッセージの日 ▶ 家の日　　　　　　　　　　　　　　[ボイド] 01:42～06:34 生活環境や身内に目が向かう。原点回帰。 ◆水星が「ひみつ」のハウスへ。思考が深まる。思索、瞑想、誰かのための勉強。記録の精査。

17 金
家の日
「普段の生活」が充実。身内との関係強化。環境改善ができる。

18 土
家の日 ▶ 愛の日　　　　　　　　　　　　　　　　　[ボイド] 18:10〜19:24
愛の追い風が吹く。好きなことができる。

19 日
愛の日
愛について嬉しいことがある。子育て、趣味、創作にも追い風が。

20 月
愛の日　　　　　　　　　　　　　　　　　　　　　　[ボイド] 00:50〜
愛について嬉しいことがある。子育て、趣味、創作にも追い風が。
◆太陽が「自分」のハウスへ。お誕生月の始まり、新しい1年への
「扉」を開くとき。

21 火
愛の日 ▶ メンテナンスの日　　　　　　　　　　　　[ボイド] 〜07:36
「やりたいこと」から「やるべきこと」へのシフト。

22 水
メンテナンスの日
生活や心身の故障部分を修理できる。ケアしたり、されたり。

23 木
○メンテナンスの日 ▶ 人に会う日　　　　　　　　　[ボイド] 16:30〜17:26
「自分の世界」から「外界」へ出るような節目。
○「他者」のハウスで満月。誰かとの一対一の関係が「満ちる」。交
渉の成立、契約。

24 金
人に会う日
人に会ったり、会う約束をしたりする日。出会いの気配も。
◆金星が「自分」のハウスに。あなたの魅力が輝く季節の到来。愛
に恵まれる楽しい日々へ。

25 土
人に会う日　　　　　　　　　　　　　　　　　　　　[ボイド] 23:49〜
人に会ったり、会う約束をしたりする日。出会いの気配も。

26 日
人に会う日 ▶ プレゼントの日　　　　　　　　　　　[ボイド] 〜00:37
他者との関係に、さらに一歩踏み込めるように。
◆木星が「自分」のハウスへ。約12年に一度の「耕耘期（こううん
き）」の到来。飛躍的な成長期へ。

27 月
プレゼントの日
人から貴重なものを受け取れる。提案を受ける場面も。

28 火
プレゼントの日 ▶ 旅の日　　　　　　　　　　　　　[ボイド] 05:04〜05:46
遠い場所との間に、橋が架かり始める。

29 水
旅の日　　　　　　　　　　　　　　　　　　　　　　[ボイド] 23:22〜
遠出したり、遠くから人が訪ねてくれたりする日。発信力も増す。

30 木
旅の日 ▶ 達成の日　　　　　　　　　　　　　　　　[ボイド] 〜09:34
意欲が湧く。はっきりした成果が出る時間へ。

31 金
●達成の日
目標に手が届く。結果が出る日。人から認められる場面も。

6 ・JUNE・

1	土	達成の日 ▶ 友だちの日 [ボイド] 11:56〜12:30 肩の力が抜け、伸びやかな気持ちになれる。
2	日	友だちの日 未来のプランを立てる。友だちと過ごせる。チームワーク。
3	月	友だちの日 ▶ ひみつの日 [ボイド] 07:05〜14:57 ざわめきから少し離れたくなる。自分の時間。 ◆水星が「自分」のハウスへ。知的活動が活性化。若々しい気持ち、行動力。発言力の強化。
4	火	ひみつの日 一人の時間。過去を振り返り、戦略を練る。自分を大事にする。
5	水	ひみつの日 ▶ スタートの日 [ボイド] 17:11〜17:38 新しいことを始めやすい時間に切り替わる。
6	木	●スタートの日 主役の意識で動く。新しい選択肢を選べる。気持ちが切り替わる。 🌑「自分」のハウスで新月。大切なことがスタートする節目。フレッシュな「切り替え」。
7	金	スタートの日 ▶ お金の日 [ボイド] 21:17〜21:43 物質面・経済活動が活性化する時間に入る。
8	土	お金の日 いわゆる「金運がいい」日。実入りが良く、いい買い物もできそう。
9	日	お金の日 いわゆる「金運がいい」日。実入りが良く、いい買い物もできそう。 ◆火星が「ひみつ」のハウスへ。内なる敵と闘って克服できる時間。自分の真の強さを知る。
10	月	お金の日 ▶ メッセージの日 [ボイド] 04:07〜04:30 「動き」が出てくる。コミュニケーションの活性。
11	火	メッセージの日 待っていた朗報が届く。勉強が捗る。外に出たくなる日。
12	水	メッセージの日 ▶ 家の日 [ボイド] 04:18〜14:40 生活環境や身内に目が向かう。原点回帰。
13	木	家の日 「普段の生活」が充実。身内との関係強化。環境改善ができる。
14	金	◐家の日 「普段の生活」が充実。身内との関係強化。環境改善ができる。
15	土	家の日 ▶ 愛の日 [ボイド] 02:55〜03:14 愛の追い風が吹く。好きなことができる。
16	日	愛の日 愛について嬉しいことがある。子育て、趣味、創作にも追い風が。

17	月	愛の日 ▶ メンテナンスの日　　　　　　　　　　　[ボイド] 15:06〜15:40 「やりたいこと」から「やるべきこと」へのシフト。 ◆金星が「生産」のハウスへ。経済活動の活性化、上昇気流。物質 的豊かさの開花。◆水星が「生産」のハウスへ。経済活動に知性を 活かす。情報収集、経営戦略。在庫整理。
18	火	メンテナンスの日 生活や心身の故障部分を修理できる。ケアしたり、されたり。
19	水	メンテナンスの日 生活や心身の故障部分を修理できる。ケアしたり、されたり。
20	木	メンテナンスの日 ▶ 人に会う日　　　　　　　　　　[ボイド] 01:21〜01:33 「自分の世界」から「外界」へ出るような節目。
21	金	人に会う日 人に会ったり、会う約束をしたりする日。出会いの気配も。 ◆太陽が「生産」のハウスへ。1年のサイクルの中で「物質的・経 済的土台」を整備する。
22	土	○ 人に会う日 ▶ プレゼントの日　　　　　　　　　　[ボイド] 08:00〜08:10 他者との関係に、さらに一歩踏み込めるように。 ◗「ギフト」のハウスで満月。人から「満を持して」手渡されるものが ある。他者との融合。
23	日	プレゼントの日 人から貴重なものを受け取れる。提案を受ける場面も。
24	月	プレゼントの日 ▶ 旅の日　　　　　　　　　　　　　[ボイド] 12:07〜12:16 遠い場所との間に、橋が架かり始める。
25	火	旅の日 遠出したり、遠くから人が訪ねてくれたりする日。発信力も増す。
26	水	旅の日 ▶ 達成の日　　　　　　　　　　　　　　　　[ボイド] 07:31〜15:09 意欲が湧く。はっきりした成果が出る時間へ。
27	木	達成の日 目標に手が届く。結果が出る日。人から認められる場面も。
28	金	達成の日 ▶ 友だちの日　　　　　　　　　　　　　　[ボイド] 17:46〜17:54 肩の力が抜け、伸びやかな気持ちになれる。
29	土	◗ 友だちの日 未来のプランを立てる。友だちと過ごせる。チームワーク。
30	日	友だちの日 ▶ ひみつの日　　　　　　　　　　　　　[ボイド] 13:58〜21:02 ざわめきから少し離れたくなる。自分の時間。 ◆土星が「目標と結果」のハウスで逆行開始。キャリアに関する フィードバックを受け取り始める。

7 ・JULY・

1 月
ひみつの日
一人の時間。過去を振り返り、戦略を練る。自分を大事にする。

2 火
ひみつの日
一人の時間。過去を振り返り、戦略を練る。自分を大事にする。
◆海王星が「目標と結果」のハウスで逆行開始。名誉やプライドの
裏側にある思いに目を向ける。◆水星が「コミュニケーション」のハ
ウスへ。知的活動の活性化、コミュニケーションの進展。学習の好
機。

3 水
ひみつの日 ▶ スタートの日 　　　　　　　　[ボイド] 00:45〜00:52
新しいことを始めやすい時間に切り替わる。

4 木
スタートの日
主役の意識で動く。新しい選択肢を選べる。気持ちが切り替わる。

5 金
スタートの日 ▶ お金の日 　　　　　　　　　[ボイド] 05:45〜05:53
物質面・経済活動が活性化する時間に入る。

6 土
●お金の日
いわゆる「金運がいい」日。実入りが良く、いい買い物もできそう。
❒「生産」のハウスで新月。新しい経済活動をスタートさせる。新し
いものを手に入れる。

7 日
お金の日 ▶ メッセージの日 　　　　　　　　[ボイド] 12:49〜12:57
「動き」が出てくる。コミュニケーションの活性。

8 月
メッセージの日
待っていた朗報が届く。勉強が捗る。外に出たくなる日。

9 火
メッセージの日 ▶ 家の日 　　　　　　　　　[ボイド] 15:05〜22:49
生活環境や身内に目が向かう。原点回帰。

10 水
家の日
「普段の生活」が充実。身内との関係強化。環境改善ができる。

11 木
家の日
「普段の生活」が充実。身内との関係強化。環境改善ができる。

12 金
家の日 ▶ 愛の日 　　　　　　　　　　　　　[ボイド] 10:57〜11:08
愛の追い風が吹く。好きなことができる。
◆金星が「コミュニケーション」のハウスへ。喜びある学び、対話、
外出。言葉による優しさ、愛の伝達。

13 土
愛の日
愛について嬉しいことがある。子育て、趣味、創作にも追い風が。

14 日
❍愛の日 ▶ メンテナンスの日 　　　　　　　[ボイド] 07:50〜23:54
「やりたいこと」から「やるべきこと」へのシフト。

15 月
メンテナンスの日
生活や心身の故障部分を修理できる。ケアしたり、されたり。

16	火	メンテナンスの日 生活や心身の故障部分を修理できる。ケアしたり、されたり。
17	水	メンテナンスの日 ▶ 人に会う日　　　　　　　　[ボイド] 10:12〜10:26 「自分の世界」から「外界」へ出るような節目。
18	木	人に会う日 人に会ったり、会う約束をしたりする日。出会いの気配も。
19	金	人に会う日 ▶ プレゼントの日　　　　　　　　[ボイド] 17:00〜17:15 他者との関係に、さらに一歩踏み込めるように。
20	土	プレゼントの日 人から貴重なものを受け取れる。提案を受ける場面も。
21	日	○プレゼントの日 ▶ 旅の日　　　　　　　　　[ボイド] 20:28〜20:45 遠い場所との間に、橋が架かり始める。 ◆火星が「自分」のハウスへ。熱い自己変革の季節。勝負、挑戦。 自分から動きたくなる。◗「ギフト」のハウスで満月。人から「満を持して」手渡されるものがある。他者との融合。
22	月	旅の日 遠出したり、遠くから人が訪ねてくれたりする日。発信力も増す。 ◆太陽が「コミュニケーション」のハウスへ。1年のサイクルの中でコミュニケーションを繋ぎ直すとき。
23	火	旅の日 ▶ 達成の日　　　　　　　　　　　　[ボイド] 19:00〜22:25 意欲が湧く。はっきりした成果が出る時間へ。
24	水	達成の日 目標に手が届く。結果が出る日。人から認められる場面も。
25	木	達成の日 ▶ 友だちの日　　　　　　　　　　[ボイド] 23:33〜23:54 肩の力が抜け、伸びやかな気持ちになれる。
26	金	友だちの日 未来のプランを立てる。友だちと過ごせる。チームワーク。 ◆水星が「家」のハウスへ。来訪者。身近な人との対話。若々しい風が居場所に吹き込む。
27	土	友だちの日　　　　　　　　　　　　　　　　[ボイド] 07:16〜 未来のプランを立てる。友だちと過ごせる。チームワーク。
28	日	◑友だちの日 ▶ ひみつの日　　　　　　　　　[ボイド] 〜02:24 ざわめきから少し離れたくなる。自分の時間。
29	月	ひみつの日 一人の時間。過去を振り返り、戦略を練る。自分を大事にする。
30	火	ひみつの日 ▶ スタートの日　　　　　　　　　[ボイド] 06:01〜06:29 新しいことを始めやすい時間に切り替わる。
31	水	スタートの日 主役の意識で動く。新しい選択肢を選べる。気持ちが切り替わる。

8 ・AUGUST・

1 木
スタートの日 ▶ お金の日   [ボイド] 11:48〜12:21
物質面・経済活動が活性化する時間に入る。

2 金
お金の日
いわゆる「金運がいい」日。実入りが良く、いい買い物もできそう。

3 土
お金の日 ▶ メッセージの日   [ボイド] 19:33〜20:11
「動き」が出てくる。コミュニケーションの活性。

4 日
● メッセージの日
待っていた朗報が届く。勉強が捗る。外に出たくなる日。
☽「コミュニケーション」のハウスで新月。新しいコミュニケーション
が始まる。学び始める。朗報も。

5 月
メッセージの日
待っていた朗報が届く。勉強が捗る。外に出たくなる日。
◆金星が「家」のハウスへ。身近な人とのあたたかな交流。愛着。
居場所を美しくする。◆水星が「家」のハウスで逆行開始。家族や
身近な人にじっくり時間と労力を注ぐ時間へ。

6 火
メッセージの日 ▶ 家の日   [ボイド] 00:18〜06:18
生活環境や身内に目が向かう。原点回帰。

7 水
家の日
「普段の生活」が充実。身内との関係強化。環境改善ができる。

8 木
家の日 ▶ 愛の日   [ボイド] 17:42〜18:33
愛の追い風が吹く。好きなことができる。

9 金
愛の日
愛について嬉しいことがある。子育て、趣味、創作にも追い風が。

10 土
愛の日   [ボイド] 06:46〜
愛について嬉しいことがある。子育て、趣味、創作にも追い風が。

11 日
愛の日 ▶ メンテナンスの日   [ボイド] 〜07:35
「やりたいこと」から「やるべきこと」へのシフト。

12 月
メンテナンスの日
生活や心身の故障部分を修理できる。ケアしたり、されたり。

13 火
● メンテナンスの日 ▶ 人に会う日   [ボイド] 18:03〜19:02
「自分の世界」から「外界」へ出るような節目。

14 水
人に会う日
人に会ったり、会う約束をしたりする日。出会いの気配も。

15 木
人に会う日
人に会ったり、会う約束をしたりする日。出会いの気配も。
◆逆行中の水星が「コミュニケーション」のハウスに。もう一度話す
べきことを話せる時間。

16 金
人に会う日 ▶ プレゼントの日   [ボイド] 01:54〜02:53
他者との関係に、さらに一歩踏み込めるように。

17	土	プレゼントの日

人から貴重なものを受け取れる。提案を受ける場面も。

18	日	プレゼントの日 ▶ 旅の日	[ボイド] 05:45〜06:46

遠い場所との間に、橋が架かり始める。

19	月	旅の日

遠出したり、遠くから人が訪ねてくれたりする日。発信力も増す。

20	火	○旅の日 ▶ 達成の日	[ボイド] 03:27〜07:53

意欲が湧く。はっきりした成果が出る時間へ。
🌙「旅」のハウスで満月。遠い場所への扉が「満を持して」開かれる。
遠くまで声が届く。

21	水	達成の日

目標に手が届く。結果が出る日。人から認められる場面も。

22	木	達成の日 ▶ 友だちの日	[ボイド] 06:56〜08:03

肩の力が抜け、伸びやかな気持ちになれる。
◆太陽が「家」のハウスへ。1年のサイクルの中で「居場所・家・
心」を整備し直すとき。

23	金	友だちの日	[ボイド] 21:46〜

未来のプランを立てる。友だちと過ごせる。チームワーク。

24	土	友だちの日 ▶ ひみつの日	[ボイド] 〜09:02

ざわめきから少し離れたくなる。自分の時間。

25	日	ひみつの日

一人の時間。過去を振り返り、戦略を練る。自分を大事にする。

26	月	◑ひみつの日 ▶ スタートの日	[ボイド] 10:42〜12:06

新しいことを始めやすい時間に切り替わる。

27	火	スタートの日

主役の意識で動く。新しい選択肢を選べる。気持ちが切り替わる。

28	水	スタートの日 ▶ お金の日	[ボイド] 16:15〜17:49

物質面・経済活動が活性化する時間に入る。

29	木	お金の日

いわゆる「金運がいい」日。実入りが良く、いい買い物もできそう。
◆水星が「コミュニケーション」のハウスで順行へ。コミュニケーショ
ンや勉強に関し、リズムが整っていく。◆金星が「愛」のハウスへ。
華やかな愛の季節の始まり。創造的活動への強い追い風。

30	金	お金の日

いわゆる「金運がいい」日。実入りが良く、いい買い物もできそう。

31	土	お金の日 ▶ メッセージの日	[ボイド] 00:26〜02:11

「動き」が出てくる。コミュニケーションの活性。

9 ·SEPTEMBER·

1 日
メッセージの日
待っていた朗報が届く。勉強が捗る。外に出たくなる日。

2 月
メッセージの日 ▶ 家の日　　　　　　　　　　　　[ボイド] 09:27〜12:50
生活環境や身内に目が向かう。原点回帰。
◆天王星が「ひみつ」のハウスで逆行開始。なくしたカギや迷路の
出口を探し始める。◆逆行中の冥王星が「ギフト」のハウスへ。
2008年頃から受け取ってきた大きなギフトを捉え直す時間に入る。

3 火
●家の日
「普段の生活」が充実。身内との関係強化。環境改善ができる。
🌙「家」のハウスで新月。心の置き場所が新たに定まる。日常に新
しい風が吹き込む。

4 水
家の日
「普段の生活」が充実。身内との関係強化。環境改善ができる。

5 木
家の日 ▶ 愛の日　　　　　　　　　　　　　　　[ボイド] 01:08〜01:13
愛の追い風が吹く。好きなことができる。
◆火星が「生産」のハウスへ。ほてりが収まって地に足がつく。経済
的な「勝負」も。

6 金
愛の日
愛について嬉しいことがある。子育て、趣味、創作にも追い風が。

7 土
愛の日 ▶ メンテナンスの日　　　　　　　　　　[ボイド] 14:10〜14:20
「やりたいこと」から「やるべきこと」へのシフト。

8 日
メンテナンスの日
生活や心身の故障部分を修理できる。ケアしたり、されたり。

9 月
メンテナンスの日
生活や心身の故障部分を修理できる。ケアしたり、されたり。
◆再び水星が「家」のハウスへ。家の中が片付き始める。家族との
意思疎通もスムーズに。

10 火
メンテナンスの日 ▶ 人に会う日　　　　　　　　[ボイド] 02:13〜02:27
「自分の世界」から「外界」へ出るような節目。

11 水
◑人に会う日
人に会ったり、会う約束をしたりする日。出会いの気配も。

12 木
人に会う日 ▶ プレゼントの日　　　　　　　　　[ボイド] 09:22〜11:39
他者との関係に、さらに一歩踏み込めるように。

13 金
プレゼントの日
人から貴重なものを受け取れる。提案を受ける場面も。

14 土
プレゼントの日 ▶ 旅の日　　　　　　　　　　　[ボイド] 16:36〜16:55
遠い場所との間に、橋が架かり始める。

15 日
旅の日
遠出したり、遠くから人が訪ねてくれたりする日。発信力も増す。

16 月 旅の日 ▶ 達成の日　　　　　　　　　　　　　　　[ボイド] 14:06〜18:41
意欲が湧く。はっきりした成果が出る時間へ。

17 火 達成の日
目標に手が届く。結果が出る日。人から認められる場面も。

18 水 ○達成の日 ▶ 友だちの日　　　　　　　　　　　　　[ボイド] 18:04〜18:26
肩の力が抜け、伸びやかな気持ちになれる。
☽「目標と結果」のハウスで月食。仕事や対外的な活動の場での
努力が、特別な形で実る。

19 木 友だちの日
未来のプランを立てる。友だちと過ごせる。チームワーク。

20 金 友だちの日 ▶ ひみつの日　　　　　　　　　　　　　[ボイド] 17:40〜18:04
ざわめきから少し離れたくなる。自分の時間。

21 土 ひみつの日
一人の時間。過去を振り返り、戦略を練る。自分を大事にする。

22 日 ひみつの日 ▶ スタートの日　　　　　　　　　　　　[ボイド] 19:16〜19:26
新しいことを始めやすい時間に切り替わる。
◆太陽が「愛」のハウスへ。1年のサイクルの中で「愛・喜び・創
造性」を再生するとき。

23 月 スタートの日
主役の意識で動く。新しい選択肢を選べる。気持ちが切り替わる。
◆金星が「任務」のハウスへ。美しい生活スタイルの実現。美のた
めの習慣。楽しい仕事。

24 火 スタートの日 ▶ お金の日　　　　　　　　　　　　　[ボイド] 21:01〜23:52
物質面・経済活動が活性化する時間に入る。

25 水 ☽お金の日
いわゆる「金運がいい」日。実入りが良く、いい買い物もできそう。

26 木 お金の日
いわゆる「金運がいい」日。実入りが良く、いい買い物もできそう。
◆水星が「愛」のハウスへ。愛に関する学び、教育。若々しい創造
性、遊び。知的創造。

27 金 お金の日 ▶ メッセージの日　　　　　　　　　　　　[ボイド] 07:14〜07:49
「動き」が出てくる。コミュニケーションの活性。

28 土 メッセージの日
待っていた朗報が届く。勉強が捗る。外に出たくなる日。

29 日 メッセージの日 ▶ 家の日　　　　　　　　　　　　　[ボイド] 12:37〜18:43
生活環境や身内に目が向かう。原点回帰。

30 月 家の日
「普段の生活」が充実。身内との関係強化。環境改善ができる。

10 ・OCTOBER・

1	火	家の日 「普段の生活」が充実。身内との関係強化。環境改善ができる。
2	水	家の日 ▶ 愛の日　　　　　　　　　　　　　　[ボイド] 06:41〜07:21 愛の追い風が吹く。好きなことができる。
3	木	●愛の日 愛について嬉しいことがある。子育て、趣味、創作にも追い風が。 ◗「愛」のハウスで日食。愛が特別な形で「生まれかわる」かも。創 造性の再生。
4	金	愛の日 ▶ メンテナンスの日　　　　　　　　　[ボイド] 19:42〜20:24 「やりたいこと」から「やるべきこと」へのシフト。
5	土	メンテナンスの日 生活や心身の故障部分を修理できる。ケアしたり、されたり。
6	日	メンテナンスの日 生活や心身の故障部分を修理できる。ケアしたり、されたり。
7	月	メンテナンスの日 ▶ 人に会う日　　　　　　　[ボイド] 07:54〜08:36 「自分の世界」から「外界」へ出るような節目。
8	火	人に会う日 人に会ったり、会う約束をしたりする日。出会いの気配も。
9	水	人に会う日 ▶ プレゼントの日　　　　　　　　[ボイド] 14:55〜18:40 他者との関係に、さらに一歩踏み込めるように。 ◆木星が「自分」のハウスで逆行開始。「耕耘期 (こううんき)」が一 時的に熟成期間に入る。内側の成長。
10	木	プレゼントの日 人から貴重なものを受け取れる。提案を受ける場面も。
11	金	◗プレゼントの日 人から貴重なものを受け取れる。提案を受ける場面も。
12	土	プレゼントの日 ▶ 旅の日　　　　　　　　　　[ボイド] 00:55〜01:33 遠い場所との間に、橋が架かり始める。 ◆冥王星が「ギフト」のハウスで順行へ。欲望や「受け取ること」に 関する肯定感の再生。
13	日	旅の日　　　　　　　　　　　　　　　　　　　[ボイド] 23:12〜 遠出したり、遠くから人が訪ねてくれたりする日。発信力も増す。
14	月	旅の日 ▶ 達成の日　　　　　　　　　　　　　[ボイド] 〜04:57 意欲が湧く。はっきりした成果が出る時間へ。 ◆水星が「任務」のハウスへ。日常生活の整理、整備。健康チェッ ク。心身の調律。
15	火	達成の日 目標に手が届く。結果が出る日。人から認められる場面も。

16	水	達成の日 ▶ 友だちの日	［ボイド］05:02～05:36
		肩の力が抜け、伸びやかな気持ちになれる。	

17	木	○友だちの日
		未来のプランを立てる。友だちと過せる。チームワーク。
		☽「夢と友」のハウスで満月。希望してきた条件が整う。友や仲間への働きかけが「実る」。

18	金	友だちの日 ▶ ひみつの日	［ボイド］04:28～05:01
		ざわめきから少し離れたくなる。自分の時間。	
		◆金星が「他者」のハウスへ。人間関係から得られる喜び。愛あるパートナーシップ。	

19	土	ひみつの日
		一人の時間。過去を振り返り、戦略を練る。自分を大事にする。

20	日	ひみつの日 ▶ スタートの日	［ボイド］04:35～05:09
		新しいことを始めやすい時間に切り替わる。	

21	月	スタートの日
		主役の意識で動く。新しい選択肢を選べる。気持ちが切り替わる。

22	火	スタートの日 ▶ お金の日	［ボイド］06:02～07:51
		物質面・経済活動が活性化する時間に入る。	

23	水	お金の日
		いわゆる「金運がいい」日。実入りが良く、いい買い物もできそう。
		◆太陽が「任務」のハウスへ。1年のサイクルの中で「健康・任務・日常」を再構築するとき。

24	木	●お金の日 ▶ メッセージの日	［ボイド］13:49～14:26
		「動き」が出てくる。コミュニケーションの活性。	

25	金	メッセージの日
		待っていた朗報が届く。勉強が捗る。外に出たくなる日。

26	土	メッセージの日	［ボイド］17:05～
		待っていた朗報が届く。勉強が捗る。外に出たくなる日。	

27	日	メッセージの日 ▶ 家の日	［ボイド］～00:49
		生活環境や身内に目が向かう。原点回帰。	

28	月	家の日
		「普段の生活」が充実。身内との関係強化。環境改善ができる。

29	火	家の日 ▶ 愛の日	［ボイド］12:56～13:31
		愛の追い風が吹く。好きなことができる。	

30	水	愛の日
		愛について嬉しいことがある。子育て、趣味、創作にも追い風が。

31	木	愛の日
		愛について嬉しいことがある。子育て、趣味、創作にも追い風が。

11 ·NOVEMBER·

1 金
●愛の日 ▶ メンテナンスの日 [ボイド] 01:59〜02:31
「やりたいこと」から「やるべきこと」へのシフト。
☽「任務」のハウスで新月。新しい生活習慣、新しい任務がスタートするとき。体調の調整。

2 土
メンテナンスの日
生活や心身の故障部分を修理できる。ケアしたり、されたり。

3 日
メンテナンスの日 ▶ 人に会う日 [ボイド] 13:53〜14:21
「自分の世界」から「外界」へ出るような節目。
◆水星が「他者」のハウスへ。正面から向き合う対話。調整のための交渉。若い人との出会い。

4 月
人に会う日
人に会ったり、会う約束をしたりする日。出会いの気配も。
◆火星が「コミュニケーション」のハウスに。熱いコミュニケーション、議論。向学心。外に出て動く日々へ。

5 火
人に会う日 [ボイド] 19:25〜
人に会ったり、会う約束をしたりする日。出会いの気配も。

6 水
人に会う日 ▶ プレゼントの日 [ボイド] 〜00:19
他者との関係に、さらに一歩踏み込めるように。

7 木
プレゼントの日
人から貴重なものを受け取れる。提案を受ける場面も。

8 金
プレゼントの日 ▶ 旅の日 [ボイド] 07:39〜07:59
遠い場所との間に、橋が架かり始める。

9 土
●旅の日
遠出したり、遠くから人が訪ねてくれたりする日。発信力も増す。

10 日
旅の日 ▶ 達成の日 [ボイド] 09:25〜13:02
意欲が湧く。はっきりした成果が出る時間へ。

11 月
達成の日
目標に手が届く。結果が出る日。人から認められる場面も。

12 火
達成の日 ▶ 友だちの日 [ボイド] 15:15〜15:27
肩の力が抜け、伸びやかな気持ちになれる。
◆金星が「ギフト」のハウスへ。欲望の解放と調整、他者への要求、他者からの要求。甘え。

13 水
友だちの日
未来のプランを立てる。友だちと過ごせる。チームワーク。

14 木
友だちの日 ▶ ひみつの日 [ボイド] 15:52〜16:01
ざわめきから少し離れたくなる。自分の時間。

15 金
ひみつの日
一人の時間。過去を振り返り、戦略を練る。自分を大事にする。
◆土星が「目標と結果」のハウスで順行へ。社会的役割という城の建設の再開。階段をのぼり出す。

16 土
○ひみつの日 ▶ スタートの日　　　　　　　　　　　　　［ボイド］16:04〜16:10
新しいことを始めやすい時間に切り替わる。
☽「ひみつ」のハウスで満月。時間をかけて治療してきた傷が癒える。
自他を赦し赦される。

17 日
スタートの日
主役の意識で動く。新しい選択肢を選べる。気持ちが切り替わる。

18 月
スタートの日 ▶ お金の日　　　　　　　　　　　　　　［ボイド］13:10〜17:51
物質面・経済活動が活性化する時間に入る。

19 火
お金の日
いわゆる「金運がいい」日。実入りが良く、いい買い物もできそう。

20 水
お金の日 ▶ メッセージの日　　　　　　　　　　　　　［ボイド］20:22〜22:53
「動き」が出てくる。コミュニケーションの活性。
◆冥王星が「旅」のハウスへ。ここから2043年頃にかけ、人生を変
えるような旅を重ねることに。

21 木
メッセージの日
待っていた朗報が届く。勉強が捗る。外に出たくなる日。

22 金
メッセージの日　　　　　　　　　　　　　　　　　　　［ボイド］22:16〜
待っていた朗報が届く。勉強が捗る。外に出たくなる日。
◆太陽が「他者」のハウスへ。1年のサイクルの中で人間関係を
「結び直す」とき。

23 土
○メッセージの日 ▶ 家の日　　　　　　　　　　　　　　［ボイド］〜08:03
生活環境や身内に目が向かう。原点回帰。

24 日
家の日
「普段の生活」が充実。身内との関係強化。環境改善ができる。

25 月
家の日 ▶ 愛の日　　　　　　　　　　　　　　　　　　　［ボイド］14:37〜20:21
愛の追い風が吹く。好きなことができる。

26 火
愛の日
愛について嬉しいことがある。子育て、趣味、創作にも追い風が。
◆水星が「他者」のハウスで逆行開始。人間関係の復活、再会。迷
路を抜けて人に会う。

27 水
愛の日　　　　　　　　　　　　　　　　　　　　　　　［ボイド］18:16〜
愛について嬉しいことがある。子育て、趣味、創作にも追い風が。

28 木
愛の日 ▶ メンテナンスの日　　　　　　　　　　　　　［ボイド］〜09:22
「やりたいこと」から「やるべきこと」へのシフト。

29 金
メンテナンスの日
生活や心身の故障部分を修理できる。ケアしたり、されたり。

30 土
メンテナンスの日 ▶ 人に会う日　　　　　　　　　　　［ボイド］15:21〜20:55
「自分の世界」から「外界」へ出るような節目。

12 ·DECEMBER·

1	日	●人に会う日 人に会ったり、会う約束をしたりする日。出会いの気配も。 ☽「他者」のハウスで新月。出会いのとき。誰かとの関係が刷新。未来への約束を交わす。
2	月	人に会う日 人に会ったり、会う約束をしたりする日。出会いの気配も。
3	火	人に会う日 ▶ プレゼントの日　　　　　　　　　　［ボイド］00:49〜06:11 他者との関係に、さらに一歩踏み込めるように。
4	水	プレゼントの日 人から貴重なものを受け取れる。提案を受ける場面も。
5	木	プレゼントの日 ▶ 旅の日　　　　　　　　　　　　［ボイド］08:36〜13:23 遠い場所との間に、橋が架かり始める。
6	金	旅の日 遠出したり、遠くから人が訪ねてくれたりする日。発信力も増す。
7	土	旅の日 ▶ 達成の日　　　　　　　　　　　　　　　［ボイド］09:03〜18:51 意欲が湧く。はっきりした成果が出る時間へ。 ◆火星が「コミュニケーション」のハウスで逆行開始。議論を一時停止し、思考に火を入れ直す。持論の強化。◆金星が「旅」のハウスへ。楽しい旅の始まり、旅の仲間。研究の実果。距離を越える愛。
8	日	達成の日 目標に手が届く。結果が出る日。人から認められる場面も。 ◆海王星が「目標と結果」のハウスで順行へ。仕事や社会的活動が不思議な順風に乗り始める。
9	月	●達成の日 ▶ 友だちの日　　　　　　　　　　　　［ボイド］17:46〜22:39 肩の力が抜け、伸びやかな気持ちになれる。
10	火	友だちの日 未来のプランを立てる。友だちと過ごせる。チームワーク。
11	水	友だちの日　　　　　　　　　　　　　　　　　　［ボイド］07:15〜 未来のプランを立てる。友だちと過ごせる。チームワーク。
12	木	友だちの日 ▶ ひみつの日　　　　　　　　　　　　［ボイド］〜00:57 ざわめきから少し離れたくなる。自分の時間。
13	金	ひみつの日　　　　　　　　　　　　　　　　　　［ボイド］21:41〜 一人の時間。過去を振り返り、戦略を練る。自分を大事にする。
14	土	ひみつの日 ▶ スタートの日　　　　　　　　　　　［ボイド］〜02:23 新しいことを始めやすい時間に切り替わる。
15	日	○スタートの日　　　　　　　　　　　　　　　　　［ボイド］23:33〜 主役の意識で動く。新しい選択肢を選べる。気持ちが切り替わる。 ☽「自分」のハウスで満月。現在の自分を受け入れられる。誰かに受け入れてもらえる。

16 月	スタートの日 ▶ お金の日	[ボイド] 〜04:23

物質面・経済活動が活性化する時間に入る。
◆水星が「他者」のハウスで順行へ。人間関係に関する混乱からの回復、前進。相互理解。

17 火
お金の日
いわゆる「金運がいい」日。実入りが良く、いい買い物もできそう。

18 水
お金の日 ▶ メッセージの日　　　　　　　[ボイド] 03:35〜08:41
「動き」が出てくる。コミュニケーションの活性。

19 木
メッセージの日
待っていた朗報が届く。勉強が捗る。外に出たくなる日。

20 金
メッセージの日 ▶ 家の日　　　　　　　[ボイド] 14:21〜16:39
生活環境や身内に目が向かう。原点回帰。

21 土
家の日
「普段の生活」が充実。身内との関係強化。環境改善ができる。
◆太陽が「ギフト」のハウスへ。1年のサイクルの中で経済的授受のバランスを見直すとき。

22 日
家の日　　　　　　　　　　　　　　　[ボイド] 22:29〜
「普段の生活」が充実。身内との関係強化。環境改善ができる。

23 月
◑家の日 ▶ 愛の日　　　　　　　　　　[ボイド] 〜04:09
愛の追い風が吹く。好きなことができる。

24 火
愛の日　　　　　　　　　　　　　　　[ボイド] 19:46〜
愛について嬉しいことがある。子育て、趣味、創作にも追い風が。

25 水
愛の日 ▶ メンテナンスの日　　　　　　[ボイド] 〜17:08
「やりたいこと」から「やるべきこと」へのシフト。

26 木
メンテナンスの日
生活や心身の故障部分を修理できる。ケアしたり、されたり。

27 金
メンテナンスの日　　　　　　　　　　[ボイド] 23:26〜
生活や心身の故障部分を修理できる。ケアしたり、されたり。

28 土
メンテナンスの日 ▶ 人に会う日　　　　[ボイド] 〜04:48
「自分の世界」から「外界」へ出るような節目。

29 日
人に会う日
人に会ったり、会う約束をしたりする日。出会いの気配も。

30 月
人に会う日 ▶ プレゼントの日　　　　　[ボイド] 08:36〜13:39
他者との関係に、さらに一歩踏み込めるように。

31 火
●プレゼントの日
人から貴重なものを受け取れる。提案を受ける場面も。
☽「ギフト」のハウスで新月。心の扉を開く。誰かに導かれての経験。
ギフトから始まること。

参考　カレンダー解説の文字・線の色

あなたの星座にとって星の動きがどんな意味を
持つか、わかりやすくカレンダーに書き込んで
みたのが、P.89からの「カレンダー解説」です。
色分けは厳密なものではありませんが、だいた
い以下のようなイメージで分けられています。

――― 赤色
インパクトの強い出来事、意欲や情熱、
パワーが必要な場面。

――― 水色
ビジネスや勉強、コミュニケーションなど、
知的な活動に関すること。

――― 紺色
重要なこと、長期的に大きな意味のある変化。
精神的な変化、健康や心のケアに関すること。

――― 緑色
居場所、家族に関すること。

――― ピンク色
愛や人間関係に関すること。嬉しいこと。

――― オレンジ色
経済活動、お金に関すること。

双子座 2024年の
カレンダー解説

● 解説の文字・線の色のイメージは P.88 をご参照下さい ●

1 ・JANUARY・

mon	tue	wed	thu	fri	sat	sun
1	2	3	4	5	6	7
8	9	10	11	12	13	14
15	16	17	18	19	20	㉑
22	23	24	25	26	27	28
29	30	31				

2023/12/30–1/23 人に恵まれる時。人と会う機会が多くなる。素敵な出会いの気配。人と関わりながら成長できる。

1/21 旅への欲望が燃え始める。行きたい場所がどんどん増えていく。「ここではないどこか」に行きたくなる。

1/23–2/5 人から受け取れるものがたくさんある時。パートナーや関係者の経済状況が好転する。不思議な執着や遠慮が消え、受け取りやすくなるかも。

2 ・FEBRUARY・

mon	tue	wed	thu	fri	sat	sun
			1	2	3	4
5	6	7	8	9	10	11
12	13	14	15	16	17	18
19	20	21	22	23	㉔	25
26	27	28	29			

2/13–3/23 旅の季節。かなり遠くまで出かけていくことになりそう。精力的に学んで、大きな成果を挙げる人も。

2/24 居場所や家族に関して、嬉しいことが起こりそう。身近な人への働きかけが実を結ぶ。「根を下ろす」実感。

3 ·MARCH·

mon	tue	wed	thu	fri	sat	sun
				1	2	3
4	5	6	7	8	9	⑩
11	12	13	14	15	16	17
18	19	20	21	22	23	24
㉕	26	27	28	29	30	31

3/10　新しいミッションが始まる。とてもフレッシュなタイミング。新しい目標を掲げ、行動を起こす人も。

3/12–5/1　仕事や対外的な活動における「勝負」の時間。外に出て闘える時。素敵なチャンスも巡ってくる。勝ちながら褒められる、好循環。

3/25　「ミラクル」を感じるような愛のドラマが起こりそう。クリエイティブな活動に取り組んでいる人には、大きなチャンスが巡ってくるかも。

4 ·APRIL·

mon	tue	wed	thu	fri	sat	sun
1	2	3	4	5	6	7
8	⑨	10	11	12	13	14
15	16	17	18	19	20	21
22	23	24	25	26	27	28
29	30					

4/2–4/25　懐かしい友達と再会できるかも。古いチームの「再結成」が叶う時。諦めた夢に再チャレンジする人も。

4/9　驚きを伴うような、嬉しい出来事が起こる。ぱっと希望の光が射し込むような出来事。親友との出会い、旧友との再会の気配も。

5 ·MAY·

mon	tue	wed	thu	fri	sat	sun
			1	2	3	4	5
6	7	8	9	10	11	12
13	14	15	16	17	18	19
20	21	22	(23)	24	25	(26)
27	28	29	30	31		

5/23 人間関係が大きく進展する。誰かとの関係が深く、強くなる。交渉事がまとまる。

5/24-6/17 キラキラ輝く、楽しい時間。愛にも強い光が射し込む。大胆なイメージチェンジを試みる人も。理想の生き方に向けて大きく舵を切る時。一方、かなり放縦になる人も。「好きなことだけやる!」みたいな振り切った方針。

5/26-2025/6/10 約12年に一度の、人生の一大ターニングポイント。人生の大きな岐路に立つ。新しいことが始まる「耕耘期」。

6 ·JUNE·

mon	tue	wed	thu	fri	sat	sun
					1	2
3	4	5	(6)	7	8	9
10	11	12	13	14	15	16
17	18	19	20	21	22	23
24	25	26	27	28	29	30

6/3-6/17 あなたの星座に星がぎゅっと集まり、「何でもアリ!」の時間。面白いことがどんどん起こる。出会い、挑戦、開拓の時。

6/6 特別なスタートライン。素敵な節目。今回は特に、驚くほど大きなことが始まるかも。自分自身の決断で人生の一歩を踏み出す時。

6/17-7/2 「金運がいい」時。経済活動が盛り上がる。収入が増える人、大きな買い物をする人も。

7 ·JULY·

mon	tue	wed	thu	fri	sat	sun
1	②	3	4	5	6	7
8	9	10	11	12	13	14
15	16	17	18	19	20	21
22	23	24	25	㉖	27	28
29	30	31				

7/2-9/9　コミュニケーションの輪が広がる。活き活きと動ける時。身近な人と深く話し合える。不思議と物事がうまくいく。

7/21-9/5　大スケールの勝負の時。心からの挑戦ができる時。人生を変えるような熱い選択をする人も。「自分を変える」ことを志し、実現できる。

7/26-9/26　家族や住処について嬉しいことが起こりそう。身近な人と和気あいあいと過ごせる。時間をかけてじっくり「住処を作る・整備する」時。

8 ·AUGUST·

mon	tue	wed	thu	fri	sat	sun
			1	2	3	④
5	6	7	8	9	10	11
12	13	14	15	16	17	18
19	20	21	22	23	24	25
26	27	28	29	30	31	

8/4　特別な朗報が飛び込んでくるかも。新しい対話のチャネルが生まれる。大きな方向転換が起こる気配も。普段目を向けないものに目を向け始める。

8/5-8/15　何かが「帰ってくる」「戻ってくる」ことになるかも。懐かしい人が訪ねてきてくれるかも。原点回帰の時。不思議と調子がいい。

9 ·SEPTEMBER·

mon	tue	wed	thu	fri	sat	sun
						1
2	3	4	⑤	6	7	8
9	10	11	12	13	14	15
16	17	⑱	19	20	21	22
23	24	25	26	27	28	29
30						

10 ·OCTOBER·

mon	tue	wed	thu	fri	sat	sun
	1	2	③	4	5	6
7	8	9	10	11	12	13
14	15	16	17	18	19	20
21	22	23	24	25	26	27
28	29	30	31			

9/5–11/4　熱い経済活動の時間。精力的に稼ぎ、欲しいものを手に入れられる。お金が大きく動く。汗を流す泥臭い努力が大きな収穫に繋がる。

9/9–9/26　家族や身近な人のために、しっかり「立ち止まる」ことができる時。大切なもののために時間をとれる。心身のコンディションが上向きに。

9/18　仕事や対外的な活動において、大きな成果を出せそう。頑張ってきたことが認められる。意外な形で「ブレイク」を果たす人も。誇り、名誉を胸に抱ける。

10/3　「愛のミラクル」の時。恋に落ちる人もいれば、何か夢中になれるものに出会う人もいるかも。クリエイティブな活動において、大チャンスが巡ってくる。

10/18–11/12　人に恵まれる時。パートナーシップや恋愛にも、強い追い風が吹く。

11 · NOVEMBER ·

mon	tue	wed	thu	fri	sat	sun
				1	2	③
4	5	6	7	8	9	10
11	12	13	14	15	16	17
18	19	20	21	22	23	24
25	26	27	28	29	30	

11/3–2025/1/8　熱く語り合って新しい関係を作ってゆける時。議論や衝突、摩擦、人間関係上の混乱が起こりやすい。情熱的に考えて語ることが必要になる。

11/26–12/16　誰かがふり向いてくれるかも。人のために立ち止まる時、または、誰かが自分のために立ち止まって時間を割いてくれる時。

12 · DECEMBER ·

mon	tue	wed	thu	fri	sat	sun
						①
2	3	4	5	6	7	8
9	10	11	12	13	14	⑮
16	17	18	19	20	21	22
23	24	25	26	27	28	29
30	31					

12/1　素敵な出会いの時。パートナーとの関係に新鮮な風が流れ込む。対話や交渉が始まる。

12/15　頑張ってきたことが認められ、大きく前進できる時。目指す場所に辿り着ける。一山越える時。大切なターニングポイント。滞っていたことが動き出す。人間関係上の問題も、ここまでに解決する。

2024年のプチ占い（天秤座〜魚座）

天秤座（9/24-10/23生まれ）

出会いとギフトの年。自分では決して出会えないようなものを、色々な人から手渡される。チャンスを作ってもらえたり、素敵な人と繋げてもらえたりするかも。年の後半は大冒険と学びの時間に入る。

蠍座（10/24-11/22生まれ）

パートナーシップと人間関係の年。普段関わるメンバーが一変したり、他者との関わり方が大きく変わったりする。人と会う機会が増える。素晴らしい出会いに恵まれる。人から受け取るものが多い年。

射手座（11/23-12/21生まれ）

働き方や暮らし方を大きく変えることになるかも。健康上の問題を抱えていた人は、心身のコンディションが好転する可能性が。年の半ば以降は、出会いと関わりの時間に入る。パートナーを得る人も。

山羊座（12/22-1/20生まれ）

2008年頃からの「魔法」が解けるかも。執着やこだわり、妄念から解き放たれる。深い心の自由を得られる。年の前半は素晴らしい愛と創造の季節。楽しいことが目白押し。後半は新たな役割を得る人も。

水瓶座（1/21-2/19生まれ）

野心に火がつく。どうしても成し遂げたいことに出会えるかも。自分を縛ってきた鎖を粉砕するような試みができる。年の前半は新たな居場所を見つけられるかも。後半はキラキラの愛と創造の時間へ。

魚座（2/20-3/20生まれ）

コツコツ続けてきたことが、だんだんと形になる。理解者に恵まれ、あちこちから意外な助け船を出してもらえる年。年の半ばから約1年の中で、新しい家族が増えたり、新たな住処を見つけたりできる。

（※牡羊座〜乙女座はP.30）

HOSHIORI

星のサイクル
海王星

✿ 海王星のサイクル

　現在魚座に滞在中の海王星は、2025年3月に牡羊座
へと移動を開始し、2026年1月に移動を完了します。
つまり今、私たちは2012年頃からの「魚座海王星時
代」を後にし、新しい「牡羊座海王星時代」を目前に
しているのです。海王星のサイクルは約165年ですか
ら、一つの星座の海王星を体験できるのはいずれも、一
生に一度です。海王星は幻想、理想、夢、無意識、音
楽、映像、海、オイル、匂いなど、目に見えないもの、
手で触れないものに関係の深い星です。現実と理想、事
実と想像、生と死を、私たちは生活の中で厳密に分け
ていますが、たとえば詩や映画、音楽などの世界では、
その境界線は極めて曖昧になります。さらに、日々の
生活の中でもごくマレに、両者の境界線が消える瞬間
があります。その時私たちは、人生の非常に重要な、あ
る意味危険な転機を迎えます。「精神のイニシエーショ
ン」をしばしば、私たちは海王星とともに過ごすので
す。以下、来年からの新しい「牡羊座海王星時代」を、
少し先取りして考えてみたいと思います。

海王星のサイクル年表 (詳しくは次のページへ)

時 期	双子座のあなたにとってのテーマ
1928年 - 1943年	居場所、水、清らかな感情
1942年 - 1957年	愛の救い、愛の夢
1955年 - 1970年	心の生活、セルフケアの重要性
1970年 - 1984年	「他者との関わり」という救い
1984年 - 1998年	経済活動が「大きく回る」時
1998年 - 2012年	精神の学び
2011年 - 2026年	人生の、真の精神的目的
2025年 - 2039年	できるだけ美しい夢を描く
2038年 - 2052年	大スケールの「救い」のプロセス
2051年 - 2066年	コントロール不能な、精神的成長の過程
2065年 - 2079年	魂とお金の関係
2078年 - 2093年	価値観、世界観の精神的アップデート

※時期について／海王星は順行・逆行を繰り返すため、星座の境界線を
何度か往復してから移動を完了する。上記の表で、開始時は最初の移動の
タイミング、終了時は移動完了のタイミング。

◈1928-1943年 居場所、水、清らかな感情
心の風景と実際の生活の場の風景を、時間をかけて「洗い上げる」ような時間です。家族や「身内」と呼べる人たちとの深い心の交流が生まれます。居場所や家族との関係の変容がそのまま、精神的成長に繋がります。物理的な居場所のメンテナンスが必要になる場合も。特に水回りの整備が重要な時です。

◈1942-1957年 愛の救い、愛の夢
感受性がゆたかさを増し、才能と個性が外界に向かって大きく開かれて、素晴らしい創造性を発揮できる時です。人の心を揺さぶるもの、人を救うものなどを、あなたの活動によって生み出せます。誰もが心の中になんらかの痛みや傷を抱いていますが、そうした傷を愛の体験を通して「癒し合える」時です。

◈1955-1970年 心の生活、セルフケアの重要性
できる限りワガママに「自分にとっての、真に理想と言える生活のしかた」を作ってゆく必要があります。自分の精神や「魂」が心底求めている暮らし方を、時間をかけて創造できます。もっともらしい精神論に惑わされて自分を見失わないで。他者にするのと同じくらい、自分自身をケアしたい時です。

◈1970-1984年「他者との関わり」という救い
人から精神的な影響を受ける時期です。一対一での他者との関わりの中で、自分の考え方や価値観の独特な癖に気づかされ、さらに「救い」を得られます。相手が特に「救おう」というつもりがなくとも、その関係の深まり自体が救いとなるのです。人生を変えるような、大きな心の結びつきを紡ぐ時間です。

◆ 1984-1998年 経済活動が「大きく回る」時

「人のために、自分の持つ力を用いる」という意識を持つことと、「自分ではどうにもできないこと」をありのままに受け止めること。この二つのスタンスが、あなたを取り巻く経済活動を大きく活性化させます。無欲になればなるほど豊かさが増し、生活の流れが良くなるのです。性愛の夢を生きる人も。

◆ 1998-2012年 精神の学び

ここでの学びの目的は単に知識を得ることではなく、学びを通した精神的成長です。学びのプロセスは言わば「手段」です。「そんなことを学んで、なんの役に立つの？」と聞かれ、うまく答えられないようなことこそが、この時期真に学ぶべきテーマだからです。学びを通して、救いを得る人もいるはずです。

◆ 2011-2026年 人生の、真の精神的目的

仕事で大成功して「これはお金のためにやったのではない」と言う人がいます。「では、なんのためなのか」は、その人の精神に、答えがあります。この時期、あなたは自分の人生において真に目指せるものに出会うでしょう。あるいは、多くの人から賞賛されるような「名誉」を手にする人もいるはずです。

◆ 2025-2039年 できるだけ美しい夢を描く

人生で一番美しく、大きく、素敵な夢を描ける時です。その夢が実現するかどうかより、できるだけ素晴らしい夢を描くということ自体が重要です。夢を見たことがある人と、そうでない人では、人生観も大きく異なるからです。大きな夢を描き、希望を抱くことで、人生で最も大切な何かを手に入れられます。

◆ 2038-2052年　大スケールの「救い」のプロセス

あなたにとって「究極の望み」「一番最後の望み」があるとしたら、どんな望みでしょうか。「一つだけ願いを叶えてあげるよ」と言われたら、何を望むか。この命題に、新しい答えを見つけられます。「一つだけ叶う願い」は、あなたの心の救いとなり、さらに、あなたの大切な人を救う原動力ともなります。

◆ 2051-2066年　コントロール不能な、精神的成長の過程

「自分」が靄に包まれたように見えなくなり、アイデンティティを見失うことがあるかもしれません。意識的なコントロールや努力を離れたところで、人生の神髄に触れ、精神的な成長が深まります。この時期を終える頃、決して衰えることも傷つくこともない、素晴らしい人間的魅力が備わります。

◆ 2065-2079年　魂とお金の関係

経済活動は「計算」が基本です。ですがこの時期は不思議と「計算が合わない」傾向があります。世の経済活動の多くは、実際には「割り切れないこと」だらけです。こうした「1＋1＝2」にならない経済活動の秘密を見つめるための「心の力」が成長する時期です。魂とお金の関係の再構築が進みます。

◆ 2078-2093年　価値観、世界観の精神的アップデート

誰もが自分のイマジネーションの世界を生きています。どんなに「目の前の現実」を生きているつもりでも、自分自身の思い込み、すなわち「世界観」の外には、出られないのです。そうした「世界観」の柱となるのが、価値観や思想です。そうした世界観、枠組みに、大スケールのアップデートが起こります。

～先取り！ 2025年からのあなたの「海王星時代」～
できるだけ美しい夢を描く

　夢も希望も、大きいほうがいいのです。ですが大きくなりすぎた夢は、風船のようにパチンと消えてしまうこともあります。その悲しみを嫌って、最初から夢を描かないぞ、と決めてしまう人もいます。でもこの時期は、「風船がパチンと弾ける」ことを、敢えて恐れないで頂きたいのです。なぜならこの時期、あなたは人生で一番美しく、大きく、素敵な夢を描ける状態になっているからです。その夢が実現するかどうかより、できるだけ素晴らしい夢を描くということ自体がこの時期、大切なことなのです。夢を見たことがある人と、そうでない人では、人生観も大きく異なります。夢に破れて人生に背を向けてしまう人もいます。「夢を見る」ことは、そんなリスクが伴います。でも、この時期のあなたはおそらく、大きな夢を描き、希望を抱くことで、人生で最も大切な何かを手に入れられるはずなのです。憧れ、人への思い、信頼関係、友情もまた、この時期のあなたの精神を美しく輝かせ、育ててくれます。きれいごとばかりではないからこそ、きれいご

とを大切にする勇気が必要です。その覚悟が、この時期のあなたに、素晴らしい宝物を運んでくれます。この時期あなたが悩んでいるなら、それは、将来への不信感による悩みなのかもしれません。未来を悲観し、深く憂えているのかもしれません。自分が計画したことがなかなか現実と噛み合わず、不満を抱えている人もいるでしょう。叶わぬ夢に心を奪われて、日々を失望しながら暮らしている、という人もいるかもしれません。それでも、この時期はなんとかして夢を見ること、夢を描くことが必要です。夢を見てそれを追いかけるうちに、何か確かなものが見えてきます。友達との関係に失望する場面もあるかもしれません。友情への期待が膨らむ分、期待に値しない友達から、深く傷つけられることがあるのです。ですがその経験も、決して無駄ではありません。友の弱さを受け入れることで、自分自身の弱さも肯定できるようになるからです。困っている人を助けようとしたことがきっかけで、夢を掴む人もいるでしょう。この時期は全体にとても清らかで、美しく、優しい空気に包まれています。悩みや苦しみの出口も、そのあたりに見つかるはずです。

12星座プロフィール

双子座のプロフィール
知と言葉の星座

キャラクター

◆ 未知と知の星座

　幼い頃は、誰もが好奇心の塊（かたまり）です。大人が「いけません」と言うものを触りたがり、口に入れたがり、怒られそうな言葉を繰り返し、禁止されている場所に入りたがります。この世界についてもっと知りたい、という純粋な欲望が、幼い子供の心には渦巻いているようです。そんな生き生きした知性そのもののような星座が、双子座です。ゆえに双子座の人々はいくつになってもフレッシュな好奇心に溢れ、未知のものに興味を持ち、すぐに「自分のもの」にしてしまいます。常に若々しい精神が見た目にも表れ、「いくつになっても若々しさを保つ」人々です。

◆ メッセンジャー

　双子座を支配する星は水星、すなわちマーキュリーです。ギリシャ神話でのヘルメス神に支配された双子座の人々は、ヘルメス同様、フットワークに優れ、人と人を結びつけるメッセンジャー的な役割を担うことも多いようです。とは

いえ、ヘルメスはただの「伝令」ではなく、必ず何かしらの使命を持っています。双子座の人々は大変働き者で、他の人には不可能なことも、その知恵の回転によって可能にしてしまいます。

◆ 洗練と破壊力、二面性の星座

　知的で、ユーモアに溢れ、ものにこだわらず、少々飽きっぽく、変化に柔軟に対応し、自由なフットワークで世界中を旅することができる双子座の人々は、とても爽やかで軽やかな印象を持たれがちです。知的でクールなスタイルで憧れられることも多いようです。

　ですが、その一方で、激しい反骨精神と荒ぶる魂の持ち主でもあります。時として、場を根本から「破壊」してしまうような、強烈なパワーを発するのです。双子座の人々の「破壊」行為は、一見無目的で、圧倒的です。普通なら「破壊のあとに建築しよう」という目的を持って破壊するところを、双子座の人々はただ「破壊のために破壊する」のです。

　とはいえ、双子座の「破壊のための破壊」は、結果的に別の美しい現象をもたらすこともあります。合理的に考えてしまえば誰も壊せなかった、いびつな、硬直的な古城を突然破壊したとき、今まで誰も見たことのなかった景色が

出現することがあるのです。

◆ 二つの存在が出会って、新しいものが生まれる

二つ以上のものを組み合わせる才能に恵まれています。いくつかのことを並行して進めることも得意です。いわゆる「二足のわらじ」を履くことになる傾向があります。

◆ 嵐の星座

双子座の二つ星、カストルとポルックスは、古来「セント・エルモの火」の別名を得て、嵐の中を航海する船乗りたちの守り神とされてきました。嵐にあっても、マストの上に「セント・エルモの火」が輝けば、嵐はすぐに治まると言われています。

双子という現象は、多くの文化圏で「受け入れがたい、自然の神秘」と考えられ、怖れられました。嵐など、人間には制御できない自然の力と、双子という不思議な存在が結びつけられることもあったようです。

神話や象徴の世界は両義的にできており、「嵐と関係がある」ことが、同時に「嵐から守ってくれる神」という意味に結びつきます。ゆえに双子座という星座は、「嵐」を呼び覚ます星座でもあり、鎮める星座でもあるのです。

◈ カストルとポルックス

　双子座と言えば「カストルとポルックス」。二人はレダを母とする双子ですが、ポルックスは神ゼウスの子で、カストルは人間の王の子どもでした。つまり、ポルックスは不死の神の子であり、カストルは命に限りのある人間だったわけです。カストルとポルックスは「死と生」という、正反対の運命を象徴する存在です。生がなければ死という概念は生まれず、死がなければ生も意味を持ちません。双子座が支配する「言葉」というものの構造が、その神話にはっきりと示されています。

◈「間（あわい）」の星座

　翼の生えたサンダルを履くヘルメスしかり、愛の女神の伝令キューピッド（エロース）、キリスト教における天使たちなど、天と地の間、生と俗の間を自由に行き来する存在が、神話世界には不可欠です。天と地が結ばれ、互いに語り合えないならば、私たちの心はよりどころを失います。人間世界の出来事に神々の力が加わらなければ、物語は意味をなさないのです。さらに言えば、善と悪のあわいに立つのもこの「翼を持つ存在」たちです。

　たとえばヘルメスは知恵の神であり、コミュニケーショ

ンの神であり、商売の神でもありますが、同時に「ドロボ
ウの神」でもあります（！）。善か悪のどちらかに立ってし
まえばできないことを、「翼を持つ存在」たちは担っている
のです。

　双子座の人々もそれに似て、一つのグループや価値観の
世界に「属してしまう」ことをしません。常にそれ以外の
世界にも自由に飛んでいける状態を維持し、思い立ったら
ぱっと別の場所に移動することができます。「どこにも属さ
ない」ことが、双子座の人々にとっては、とても自然なこ
となのです。

双子座の才能

　言葉やコミュニケーションに特別な才能を持つ人が多い
ようです。言葉の使い方に敏感ですし、コミュニケーショ
ンの善し悪しを見分ける眼差しも鋭いので、かえって自分
の能力を過小評価する人も少なくありません。エキスパー
トほど謙虚になるものですが、あなたは知的活動において、
特異なセンスを備えているからこそ、自分自身への点が辛
いのです。「予定調和を破る」「おかしな空気を壊す」勇気
があります。また、「特に教わらなくても自分で調べ、考え
て上達する」といった才能にも恵まれています。

牡羊座 はじまりの星座   I am.

素敵なところ

裏表がなく純粋で、自他を比較しません。明るく前向きで、正義感が強く、諍（いさか）いのあともさっぱりしています。欲しいものを欲しいと言える勇気、自己主張する勇気、誤りを認める勇気の持ち主です。

キーワード

勢い／勝負／果断／負けず嫌い／せっかち／能動的／スポーツ／ヒーロー・ヒロイン／華やかさ／アウトドア／草原／野生／丘陵／動物愛／議論好き／肯定的／帽子・頭部を飾るもの／スピード／赤

 牡牛座 五感の星座   I have.

素敵なところ

感情が安定していて、態度に一貫性があります。知識や経験をたゆまずゆっくり、たくさん身につけます。穏やかでも不思議な存在感があり、周囲の人を安心させます。美意識が際立っています。

キーワード

感覚／色彩／快さ／リズム／マイペース／芸術／暢気（のんき）／贅沢／コレクション／一貫性／素直さと頑固さ／価値あるもの／美声・歌／料理／庭造り／変化を嫌う／積み重ね／エレガント／レモン色／白

 双子座 知と言葉の星座   I think.

素敵なところ

イマジネーション能力が高く、言葉と物語を愛するユニークな人々です。フットワークが良く、センサーが敏感で、いくつになっても若々しく見えます。場の空気・状況を変える力を持っています。

キーワード

言葉／コミュニケーション／取引・ビジネス／相対性／比較／関連づけ／物語／比喩／移動／旅／ジャーナリズム／靴／天使・翼／小鳥／桜色／桃色／空色／文庫本／文房具／手紙

蟹座 感情の星座   I feel.

素敵なところ

心優しく、共感力が強く、人の世話をするときに手間を惜しみません。行動力に富み、人にあまり相談せずに大胆なアクションを起こすことがありますが、「聞けばちゃんと応えてくれる」人々です。

キーワード

感情／変化／月／守護・保護／日常生活／行動力／共感／安心／繰り返すこと／拒否／生活力／フルーツ／アーモンド／巣穴／胸部、乳房／乳白色／銀色／真珠

 獅子座 意思の星座   I will.

素敵なところ

太陽のように肯定的で、安定感があります。深い自信を持っており、側にいる人を安心させることができます。人を頷（うなず）かせる力、一目置かせる力、パワー感を持っています。内面には非常に繊細な部分も。

キーワード

強さ／クールさ／肯定的／安定感／ゴールド／背中／自己表現／演技／芸術／暖炉／広場／人の集まる賑やかな場所／劇場・舞台／お城／愛／子供／緋色／パープル／緑

 乙女座 分析の星座   I analyze.

素敵なところ

一見クールに見えるのですが、とても優しく世話好きな人々です。他者に対する観察眼が鋭く、シャープな批評を口にしますが、その相手の変化や成長を心から喜べる、「教育者」の顔を持っています。

キーワード

感受性の鋭さ／「気が利く」人／世話好き／働き者／デザイン／コンサバティブ／胃腸／神経質／分析／調合／変化／回復の早さ／迷いやすさ／研究家／清潔／ブルーブラック／空色／桃色

天秤座　関わりの星座

I balance.

素敵なところ

高い知性に恵まれると同時に、人に対する深い愛を抱いています。視野が広く、客観性を重視し、細やかな気遣いができます。内側には熱い情熱を秘めていて、個性的なこだわりや競争心が強い面も。

キーワード

人間関係／客観視／合理性／比較対象／美／吟味／審美眼／評価／選択／平和／交渉／結婚(いさか)／諍い／調停／パートナーシップ／契約／洗練／豪奢／黒／芥子色(からし)／深紅色／水色／薄い緑色／ベージュ

蠍座　情熱の星座

I desire.

素敵なところ

意志が強く、感情に一貫性があり、愛情深い人々です。一度愛したものはずっと長く愛し続けることができます。信頼に足る、芯の強さを持つ人です。粘り強く努力し、不可能を可能に変えます。

キーワード

融け合う心／継承／遺伝／魅力／支配／提供／共有／非常に古い記憶／放出／流動／隠されたもの／湖沼／果樹園／庭／葡萄酒／琥珀／茶色／濃い赤／カギつきの箱／ギフト

射手座　冒険の星座

I understand.

素敵なところ

冒険心に富む、オープンマインドの人々です。自他に対してごく肯定的で、恐れを知らぬ勇気と明るさで周囲を照らし出します。自分の信じるものに向かってまっすぐに生きる強さを持っています。

キーワード

冒険／挑戦／賭け／負けず嫌い／馬や牛など大きな動物／遠い外国／語学／宗教／理想／哲学／おおらかさ／自由／普遍性／スピードの出る乗り物／船／黄色／緑色／ターコイズブルー／グレー

山羊座　実現の星座

I use.

素敵なところ

夢を現実に変えることのできる人々です。自分個人の世界だけに収まる小さな夢ではなく、世の中を変えるような、大きな夢を叶えることができる力を持っています。優しく力強く、芸術的な人です。

キーワード

城を築く／行動力／実現／責任感／守備／権力／支配者／組織／芸術／伝統／骨董品／彫刻／寺院／華やかな色彩／ゴージャス／大きな楽器／黒／焦げ茶色／薄い茜色／深緑

水瓶座　思考と自由の星座

I know.

素敵なところ

自分の頭でゼロから考えようとする、澄んだ思考の持ち主です。友情に篤く、得得抜きで人と関わろうとする、静かな情熱を秘めています。ユニークなアイデアを実行に移すときは無二の輝きを放ちます。

キーワード

自由／友情／公平・平等／時代の流れ／流行／メカニズム／合理性／ユニセックス／神秘的／宇宙／飛行機／通信技術／電気／メタリック／スカイブルー／チェック、ストライプ

魚座　透明な心の星座

I believe.

素敵なところ

人と人とを分ける境界線を、自由自在に越えていく不思議な力の持ち主です。人の心にするりと入り込み、相手を支え慰めることができます。場や世界を包み込むような大きな心を持っています。

キーワード

変容／変身／愛／海／救済／犠牲／崇高／聖なるもの／無制限／変幻自在／天衣無縫／幻想／瞑想／蠱惑／エキゾチック／ミステリアス／シースルー／黎明／白／ターコイズブルー／マリンブルー

用語解説

　星占いで用いる星々のうち、太陽と月以外の惑星と冥王星は、しばしば「逆行」します。これは、星が実際に軌道を逆走するのではなく、あくまで「地球からそう見える」ということです。

　たとえば同じ方向に向かう特急電車が普通電車を追い抜くとき、相手が後退しているように見えます。「星の逆行」は、この現象に似ています。地球も他の惑星と同様、太陽のまわりをぐるぐる回っています。ゆえに一方がもう一方を追い抜くとき、あるいは太陽の向こう側に回ったときに、相手が「逆走している」ように見えるのです。

　星占いの世界では、星が逆行するとき、その星の担うテーマにおいて停滞や混乱、イレギュラーなことが起こる、と解釈されることが一般的です。ただし、この「イレギュラー」は「不運・望ましくない展開」なのかというと、そうではありません。

　私たちは自分なりの推測や想像に基づいて未来の計画を立て、無意識に期待し、「次に起こること」を待ち受けます。その「待ち受けている」場所に思い通りのボールが飛んでこなかったとき、苛立ちや焦り、不安などを感じます。でも、そのこと自体が「悪いこと」かというと、決してそうではないはずです。なぜなら、人間の推測や想像には、限界があるか

らです。推測通りにならないことと、「不運」はまったく別の
ことです。

　星の逆行時は、私たちの推測や計画と、実際に巡ってくる
未来とが「嚙み合いにくい」ときと言えます。ゆえに、現実
に起こる出来事全体が、言わば「ガイド役・導き手」となり
ます。目の前に起こる出来事に導いてもらうような形で先に
進み、いつしか、自分の想像力では辿り着けなかった場所に
「つれていってもらえる」わけです。

　水星の逆行は年に三度ほど、一回につき3週間程度で起こ
ります。金星は約1年半ごと、火星は2年に一度ほど、他の
星は毎年太陽の反対側に回る数ヵ月、それぞれ逆行します。

　たとえば水星逆行時は、以下のようなことが言われます。

◆失せ物が出てくる／この時期なくしたものはあとで出てくる

◆旧友と再会できる

◆交通、コミュニケーションが混乱する

◆予定の変更、物事の停滞、遅延、やり直しが発生する

　これらは「悪いこと」ではなく、無意識に通り過ぎてしま
った場所に忘れ物を取りに行くような、あるいは、トンネル
を通って山の向こうへ出るような動きです。掛け違えたボタ
ンを外してはめ直すようなことができる時間なのです。

ボイドタイム―月のボイド・オブ・コース

　ボイドタイムとは、正式には「月のボイド・オブ・コース」となります。実は、月以外の星にもボイドはあるのですが、月のボイドタイムは3日に一度という頻度で巡ってくるので、最も親しみやすい（？）時間と言えます。ボイドタイムの定義は「その星が今いる星座を出るまで、他の星とアスペクト（特別な角度）を結ばない時間帯」です。詳しくは占星術の教科書などをあたってみて下さい。

　月のボイドタイムには、一般に、以下のようなことが言われています。

　◆予定していたことが起こらない／想定外のことが起こる

　◆ボイドタイムに着手したことは無効になる

　◆期待通りの結果にならない

　◆ここでの心配事はあまり意味がない

　◆取り越し苦労をしやすい

　◆衝動買いをしやすい

　◆この時間に占いをしても、無効になる。意味がない

　ボイドをとても嫌う人も少なくないのですが、これらをよく見ると、「悪いことが起こる」時間ではなく、「あまりいろいろ気にしなくてもいい時間」と思えないでしょうか。

とはいえ、たとえば大事な手術や面接、会議などがこの時間帯に重なっていると「予定を変更したほうがいいかな？」という気持ちになる人もいると思います。

　この件では、占い手によっても様々に意見が分かれます。その人の人生観や世界観によって、解釈が変わり得る要素だと思います。

　以下は私の意見なのですが、大事な予定があって、そこにボイドや逆行が重なっていても、私自身はまったく気にしません。

　では、ボイドタイムは何の役に立つのでしょうか。一番役に立つのは「ボイドの終わる時間」です。ボイド終了時間は、星が星座から星座へ、ハウスからハウスへ移動する瞬間です。つまり、ここから新しい時間が始まるのです。

　たとえば、何かうまくいかないことがあったなら、「366日のカレンダー」を見て、ボイドタイムを確認します。もしボイドだったら、ボイド終了後に、物事が好転するかもしれません。待っているものが来るかもしれません。辛い待ち時間や気持ちの落ち込んだ時間は、決して「永遠」ではないのです。

月齢について

　本書では月の位置している星座から、自分にとっての「ハウス」を読み取り、毎日の「月のテーマ」を紹介しています。ですが月にはもう一つの「時計」としての機能があります。それは、「満ち欠け」です。

　月は1ヵ月弱のサイクルで満ち欠けを繰り返します。夕方に月がふと目に入るのは、新月から満月へと月が膨らんでいく時間です。満月から新月へと月が欠けていく時間は、月が夜遅くから明け方でないと姿を現さなくなります。

　夕方に月が見える・膨らんでいく時間は「明るい月の時間」で、物事も発展的に成長・拡大していくと考えられています。一方、月がなかなか出てこない・欠けていく時間は「暗い月の時間」で、物事が縮小・凝縮していく時間となります。

　これらのことはもちろん、科学的な裏付けがあるわけではなく、あくまで「古くからの言い伝え」に近いものです。

　新月と満月のサイクルは「時間の死と再生のサイクル」です。このサイクルは、植物が繁茂しては枯れ、種によって子孫を残す、というイメージに重なります。「死」は本当の「死」ではなく、種や球根が一見眠っているように見える、その状態を意味します。

　そんな月の時間のイメージを、図にしてみました。

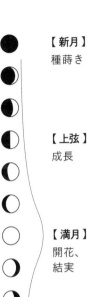

【新月】
種蒔き

芽が出る、新しいことを始める、目標を決める、新品を下ろす、髪を切る、悪癖をやめる、コスメなど、古いものを新しいものに替える

【上弦】
成長

勢い良く成長していく、物事を付け加える、増やす、広げる、決定していく、少し一本調子になりがち

【満月】
開花、
結実

達成、到達、充実、種の拡散、実を収穫する、人間関係の拡大、ロングスパンでの計画、このタイミングにゴールや〆切りを設定しておく

【下弦】
貯蔵、
配分

加工、貯蔵、未来を見越した作業、不要品の処分、故障したものの修理、古物の再利用を考える、蒔くべき種の選別、ダイエット開始、新月の直前、材木を切り出す

【新月】
次の
種蒔き

新しい始まり、仕切り直し、軌道修正、過去とは違った選択、変更

月のフェーズ

以下、月のフェーズを六つに分けて説明してみます。

● 新月　New moon

「スタート」です。時間がリセットされ、新しい時間が始まる！というイメージのタイミングです。この日を境に悩みや迷いから抜け出せる人も多いようです。とはいえ新月の当日は、気持ちが少し不安定になる、という人もいるようです。細い針のような月が姿を現す頃には、フレッシュで爽やかな気持ちになれるはずです。日食は「特別な新月」で、1年に二度ほど起こります。ロングスパンでの「始まり」のときです。

● 三日月〜 ● 上弦の月　Waxing crescent - First quarter moon

ほっそりした月が半月に向かうに従って、春の草花が生き生きと繁茂するように、物事が勢い良く成長・拡大していきます。大きく育てたいものをどんどん仕込んでいけるときです。

● 十三夜月〜小望月（こもちづき）　Waxing gibbous moon

少量の水より、大量の水を運ぶときのほうが慎重さを必要とします。それにも似て、この時期は物事が「完成形」に近づき、細かい目配りや粘り強さ、慎重さが必要になるようです。一歩一歩確かめながら、満月というゴールに向かいます。

◯ 満月　Full moon

新月からおよそ2週間、物事がピークに達するタイミングです。文字通り「満ちる」ときで、「満を持して」実行に移せることもあるでしょう。大事なイベントが満月の日に計画されている、ということもよくあります。意識してそうしたのでなくとも、関係者の予定を繰り合わせたところ、自然と満月前後に物事のゴールが置かれることがあるのです。

月食は「特別な満月」で、半年から1年といったロングスパンでの「到達点」です。長期的なプロセスにおける「折り返し地点」のような出来事が起こりやすいときです。

◐ 十六夜の月〜 寝待月　Waning gibbous moon

樹木の苗や球根を植えたい時期です。時間をかけて育てていくようなテーマが、ここでスタートさせやすいのです。また、細くなっていく月に擬えて、ダイエットを始めるのにも良い、とも言われます。植物が種をできるだけ広くまき散らそうとするように、人間関係が広がるのもこの時期です。

◑ 下弦の月〜 ◔ 二十六夜月　Last quarter - Waning crescent moon

秋から冬に球根が力を蓄えるように、ここでは「成熟」がテーマとなります。物事を手の中にしっかり掌握し、力をためつつ「次」を見据えてゆっくり動くときです。いたずらに物珍しいことに踊らされない、どっしりした姿勢が似合います。

◆ 太陽星座早見表 双子座

（1930〜2025年／日本時間）

太陽が双子座に滞在する時間帯を下記の表にまとめました。
これより前は牡牛座、これより後は蟹座ということになります。

生まれた年	期　　間	生まれた年	期　　間
1930	5/22　4:42 ～ 6/22　12:52	1954	5/21　23:47 ～ 6/22　7:53
1931	5/22　10:15 ～ 6/22　18:27	1955	5/22　5:24 ～ 6/22　13:30
1932	5/21　16:07 ～ 6/22　0:22	1956	5/21　11:13 ～ 6/21　19:23
1933	5/21　21:57 ～ 6/22　6:11	1957	5/21　17:10 ～ 6/22　1:20
1934	5/22　3:35 ～ 6/22　11:47	1958	5/21　22:51 ～ 6/22　6:56
1935	5/22　9:25 ～ 6/22　17:37	1959	5/22　4:42 ～ 6/22　12:49
1936	5/21　15:07 ～ 6/21　23:21	1960	5/21　10:34 ～ 6/21　18:41
1937	5/21　20:57 ～ 6/22　5:11	1961	5/21　16:22 ～ 6/22　0:29
1938	5/22　2:50 ～ 6/22　11:03	1962	5/21　22:17 ～ 6/22　6:23
1939	5/22　8:27 ～ 6/22　16:38	1963	5/22　3:58 ～ 6/22　12:03
1940	5/22　14:23 ～ 6/21　22:35	1964	5/21　9:50 ～ 6/21　17:56
1941	5/22　20:23 ～ 6/22　4:32	1965	5/21　15:50 ～ 6/21　23:55
1942	5/22　2:09 ～ 6/22　10:15	1966	5/21　21:32 ～ 6/22　5:32
1943	5/22　8:03 ～ 6/22　16:11	1967	5/22　3:18 ～ 6/22　11:22
1944	5/21　13:51 ～ 6/21　22:01	1968	5/21　9:06 ～ 6/21　17:12
1945	5/21　19:40 ～ 6/22　3:51	1969	5/21　14:50 ～ 6/21　22:54
1946	5/22　1:34 ～ 6/22　9:43	1970	5/21　20:37 ～ 6/22　4:42
1947	5/22　7:09 ～ 6/22　15:18	1971	5/22　2:15 ～ 6/22　10:19
1948	5/22　12:58 ～ 6/21　21:10	1972	5/21　8:00 ～ 6/21　16:05
1949	5/22　18:51 ～ 6/22　3:02	1973	5/22　13:54 ～ 6/21　22:00
1950	5/22　0:27 ～ 6/22　8:35	1974	5/21　19:36 ～ 6/22　3:37
1951	5/22　6:15 ～ 6/22　14:24	1975	5/22　1:24 ～ 6/22　9:25
1952	5/22　12:04 ～ 6/22　20:12	1976	5/21　7:21 ～ 6/21　15:23
1953	5/21　17:53 ～ 6/22　1:59	1977	5/21　13:14 ～ 6/21　21:13

生まれた年	期 間
1978	5/21 19:08 ～ 6/22 3:09
1979	5/22 0:54 ～ 6/22 8:55
1980	5/21 6:42 ～ 6/21 14:46
1981	5/21 12:39 ～ 6/21 20:44
1982	5/21 18:23 ～ 6/22 2:22
1983	5/22 0:06 ～ 6/22 8:08
1984	5/21 5:58 ～ 6/21 14:01
1985	5/21 11:43 ～ 6/21 19:43
1986	5/21 17:28 ～ 6/22 1:29
1987	5/21 23:10 ～ 6/22 7:10
1988	5/21 4:57 ～ 6/21 12:56
1989	5/21 10:54 ～ 6/21 18:52
1990	5/21 16:37 ～ 6/22 0:32
1991	5/21 22:20 ～ 6/22 6:18
1992	5/21 4:12 ～ 6/21 12:13
1993	5/21 10:02 ～ 6/21 17:59
1994	5/21 15:48 ～ 6/21 23:47
1995	5/21 21:34 ～ 6/22 5:33
1996	5/21 3:23 ～ 6/21 11:23
1997	5/21 9:18 ～ 6/21 17:19
1998	5/21 15:05 ～ 6/21 23:02
1999	5/21 20:52 ～ 6/22 4:48
2000	5/21 2:49 ～ 6/21 10:47
2001	5/21 8:45 ～ 6/21 16:38

生まれた年	期 間
2002	5/21 14:30 ～ 6/21 22:24
2003	5/21 20:13 ～ 6/22 4:11
2004	5/21 2:00 ～ 6/21 9:57
2005	5/21 7:48 ～ 6/21 15:46
2006	5/21 13:33 ～ 6/21 21:26
2007	5/21 19:13 ～ 6/22 3:07
2008	5/21 1:02 ～ 6/21 8:59
2009	5/21 6:52 ～ 6/21 14:46
2010	5/21 12:35 ～ 6/21 20:29
2011	5/21 18:22 ～ 6/22 2:17
2012	5/21 0:17 ～ 6/21 8:09
2013	5/21 6:11 ～ 6/21 14:04
2014	5/21 12:00 ～ 6/21 19:51
2015	5/21 17:46 ～ 6/22 1:38
2016	5/20 23:38 ～ 6/21 7:34
2017	5/21 5:32 ～ 6/21 13:24
2018	5/21 11:16 ～ 6/21 19:07
2019	5/21 17:00 ～ 6/22 0:54
2020	5/20 22:50 ～ 6/21 6:44
2021	5/21 4:38 ～ 6/21 12:32
2022	5/21 10:23 ～ 6/21 18:13
2023	5/21 16:09 ～ 6/21 23:57
2024	5/20 22:00 ～ 6/21 5:50
2025	5/21 3:55 ～ 6/21 11:41

おわりに

　年次版の文庫サイズ『星栞』は、本書でシリーズ5作目となりました。昨年の「スイーツ」をモチーフにした12冊はそのかわいらしさから多くの方に手に取って頂き、とても嬉しかったです。ありがとうございます！

　そして2024年版の表紙イラストは、一見して「何のテーマ？？？」となった方も少なくないかと思うのですが、実は「ペアになっているもの」で揃えてみました（！）。2024年の星の動きの「軸」の一つが、木星の牡牛座から双子座への移動です。双子座と言えば「ペア」なので、双子のようなものやペアでしか使わないようなものを、表紙のモチーフとして頂いたのです。柿崎サラさんに、とてもかわいくスタイリッシュな雰囲気に描いて頂けて、みなさんに手に取って頂くのがとても楽しみです。

　星占いの12星座には「ダブルボディーズ・サイン」と呼ばれる星座があります。すなわち、双子座、乙女座、射手座、魚座です。双子座は双子、魚座は「双魚宮」で2体です。メソポタミア時代の古い星座絵には、乙女座付近に複数の乙女が描かれています。そして、射手座は上半身が人

間、下半身が馬という、別の意味での「ダブルボディ」となっています。「ダブルボディーズ・サイン」は、季節の変わり目を担当する星座です。「三寒四温」のように行きつ戻りつしながら物事が変化していく、その複雑な時間を象徴しているのです。私たちも、様々な「ダブルボディ」を生きているところがあるように思います。職場と家では別の顔を持っていたり、本音と建前が違ったり、過去の自分と今の自分は全く違う価値観を生きていたりします。こうした「違い」を「八方美人」「ブレている」などと否定する向きもありますが、むしろ、色々な自分を生きることこそが、自由な人生、と言えないでしょうか。2024年は「自分」のバリエーションを増やしていくような、それによって心が解放されていくような時間となるのかもしれません。

星栞 2024年の星占い
双子座

2023年9月30日　第1刷発行

著者　　石井ゆかり

発行人　石原正康
発行元　株式会社 幻冬舎コミックス
　　　　〒151-0051 東京都渋谷区千駄ヶ谷4-9-7
　　　　電話 03-5411-6431（編集）
発売元　株式会社 幻冬舎
　　　　〒151-0051 東京都渋谷区千駄ヶ谷4-9-7
　　　　電話 03-5411-6222（営業）
　　　　振替 00120-8-767643

印刷・製本所：株式会社 光邦
デザイン：竹田麻衣子（Lim）
DTP：株式会社 森の印刷屋、安居大輔（Dデザイン）
STAFF：齋藤至代（幻冬舎コミックス）、
　　　　佐藤映湖・滝澤 航（オーキャン）、三森定史
装画：柿崎サラ